direito empresarial e societário

CB058206

direito empresarial e societário

Camile Silva Nóbrega

3ª edição
revista, atualizada e ampliada

Rua Clara Vendramin, 58
Mossunguê . CEP 81200-170
Curitiba . PR . Brasil
Fone: (41) 2106-4170
www.intersaberes.com
editora@intersaberes.com

■ Conselho editorial
Dr. Alexandre Coutinho Pagliarini
Drª. Elena Godoy
Dr. Neri dos Santos
Dr. Ulf Gregor Baranow

■ Editora-chefe
Lindsay Azambuja

■ Gerente editorial
Ariadne Nunes Wenger

■ Assistente editorial
Daniela Viroli Pereira Pinto

■ Preparação de originais
Bruno Gabriel

■ Edição de texto
Caroline Rabelo Gomes
Flávia Garcia Penna
Viviane Fernanda Voltolini

■ Projeto gráfico
Raphael Bernadelli

■ Capa
Sílvio Gabriel Spannenberg (*design*)
Oleg Golovnev/Shutterstock (imagem)

■ Diagramação
Estúdio Nótua

■ Equipe de *design*
Laís Galvão
Charles L. da Silva
Sílvio Gabriel Spannenberg

■ Iconografia
Célia Regina Tartalia e Silva
Regina Claudia Cruz Prestes

Dados Internacionais de Catalogação na Publicação (CIP)
(Câmara Brasileira do Livro, SP, Brasil)

Nóbrega, Camile Silva
  Direito empresarial e societário/Camile Silva Nóbrega.
3. ed. rev., atual. e ampl. Curitiba: InterSaberes, 2022.

  Bibliografia.
  ISBN 978-65-5517-107-5

  1. Direito empresarial – Brasil 2. Direito societário – Brasil I. Título.

22-113592   CDU-34:338(81)

Índices para catálogo sistemático:
1. Brasil: Direito empresarial 34:338(81)
2. Brasil: Direito societário 34:338(81)

Eliete Marques da Silva – Bibliotecária – CRB-8/9380

1ª edição, 2015.

2ª edição – revista, atualizada e ampliada, 2018.

3ª edição – revista, atualizada e ampliada, 2022.

Foi feito o depósito legal.

Informamos que é de inteira responsabilidade da autora a emissão de conceitos.

Nenhuma parte desta publicação poderá ser reproduzida por qualquer meio ou forma sem a prévia autorização da Editora InterSaberes.

A violação dos direitos autorais é crime estabelecido na Lei n. 9.610/1998 e punido pelo art. 184 do Código Penal.

nota à 3ª edição 11

prefácio 13

apresentação 17

como aproveitar ao máximo este livro 19

Capítulo 1 **Direito comercial: histórico e conceito - 23**

1.1 Evolução histórica do direito empresarial - 24

1.2 Conceitos e fundamentos do direito empresarial - 26

Capítulo 2 **O empresário e seu meio de identificação - 35**

2.1 Definição legal de empresário - 37

2.2 Capacidade - 39

2.3 Impedimentos legais - 39

2.4 Sanções para o exercício ilegal da atividade empresarial - 41

sumário

2.5	Conceitos de preposto, gerente e mandatário - 42	
2.6	Contabilidade eletrônica - 45	
2.7	Elaboração de procuração - 46	
2.8	O empresário e a natureza jurídica das recentes mudanças na legislação - 48	

Capítulo 3   Noções elementares da teoria geral dos contratos em uma sociedade empresarial - 57

3.1	Características para a existência do contrato social - 58
3.2	Direitos e obrigações dos sócios - 60
3.3	Estabelecimento comercial (bens corpóreos e incorpóreos) - 64
3.4	A responsabilidade dos sócios e a Lei n. 13.467/2017 (Reforma Trabalhista) - 69

Capítulo 4   Conceito jurídico de sociedade anônima - 75

4.1	Natureza jurídica - 76
4.2	Características do contrato social - 78
4.3	Características gerais das sociedades anônimas - 82
4.4	Conceito de acionista - 85
4.5	Capital social - 86
4.6	Administração - 88

- 4.7 Dívidas societárias e responsabilidade dos sócios em caso de prejuízos - 89
- 4.8 Conceito jurídico de sociedades estrangeiras, associações, fundações e cooperativas - 92
- 4.9 As sociedades empresárias e as mudanças trazidas pela reforma trabalhista (Lei n. 13.467/2017) - 99

Capítulo 5 Títulos de crédito - 107

- 5.1 Contexto histórico de crédito - 108
- 5.2 Noção e natureza jurídica dos títulos de crédito - 109
- 5.3 Princípios e finalidades dos títulos de crédito - 121
- 5.4 Jurisprudências - 122

Capítulo 6 Protesto cambial e ações judiciais - 129

- 6.1 Protesto - 130
- 6.2 Como se faz o protesto de título - 131
- 6.3 Ação cambial - 134
- 6.4 Ação de regresso - 135
- 6.5 Ação monitória - 136
- 6.6 Meios de defesa - 137

Capítulo 7 **Noções elementares de direito bancário - 141**

7.1 Evolução histórica do câmbio - 142
7.2 Conceito de direito bancário - 143
7.3 Classificação do direito bancário - 143
7.4 Espécies - 147

considerações finais 157

referências 159

respostas 173

sobre a autora 185

Dedico ao meu companheiro e melhor amigo, Ivan Domingos Carvalho Santos, aos meus pais, Antonio Nóbrega Filho e Regina Célia Silva Nóbrega, e aos demais que me apoiaram neste projeto.

nota à 3ª edição

Nesta edição, buscamos mostrar as atualizações feitas na legislação trabalhista e empresarial em vigor. Assim, foram feitas mudanças nas Seções 2.8, 3.4, 4.1, 4.9 e 5.2. A intenção foi incluir nessas seções informações sobre a legislação atual.

Essa sistematização para atualização dos capítulos da obra fez-se necessária, tendo em vista o surgimento de legislação recente, a saber: Lei n. 13.467, de 13 de julho de 2017 (denominada *Reforma Trabalhista*); Lei n. 14.297, de 5 de janeiro de 2022, que dispõe sobre medidas de proteção para quem trabalha por intermédio de aplicativo durante o período pandêmico; Lei n. 13.874, de 20 de setembro de 2019 (chamada *Lei da Liberdade Econômica*); Lei n. 14.195, de 26 de agosto de 2021, que estabeleceu a Sociedade Limitada Unipessoal (SLU) por meio da facilitação de abertura de empresa, o que consiste em uma sociedade limitada com apenas um sócio; e Lei n. 14.112, de 24 de dezembro de 2020 (também conhecida como *Nova Lei de Falência*).

Demonstraremos ao longo desta obra que essas leis representam mudanças perceptíveis de legislação, que influenciarão de maneira direta ou indireta os profissionais liberais (advogados, contadores, empresários) e toda a classe trabalhadora.

Devo ainda registrar o agradecimento a Ariadne Patricia Nunes Wenger, Daniela Viroli Pereira Pinto, Bruno Gabriel, Viviane

Fernanda Voltolini, Flávia Garcia Penna e Caroline Rabelo Gomes, da InterSaberes, que contribuíram para a realização desta nova edição.

Em especial, agradeço a valiosa colaboração do meu companheiro, parceiro e amigo, Prof. Dr. Ivan Domingos Carvalho Santos, e a meus pais, Antonio Nóbrega Filho e Regina Célia Silva Nóbrega.

Curitiba, 18 de maio de 2022.
Camile Silva Nóbrega

É com grande honra que recebo a incumbência de prefaciar este livro, elaborado pela Professora Camile Silva Nóbrega, o qual trata do direito societário e dos títulos de crédito.

Esses temas passaram por grandes mutações nos últimos anos, especialmente o direito societário brasileiro. Até 2003, esse ramo do direito tinha sua raiz nas disposições do Código Comercial de 1850, que entrou em vigor durante o reinado de Dom Pedro II, como imperador do Brasil, e só foi revogado com a edição do Código Civil atual (Lei n. 10.406, de 10 de janeiro de 2002), que entrou em vigência no início de 2003.

A atividade empresarial moderna pede que a legislação não seja um impedimento à dinâmica que a economia atual impõe ao empresário. A pena pode abranger a diminuição do empreendedorismo, o que acarreta menor crescimento econômico, menos postos de trabalho e menor atração de investimentos que permitam ao país manter o crescimento necessário ao sustento da economia interna.

Com as modificações posteriores ao Código Civil, o direito comercial passou a ser denominado *empresarial*. As alterações não ficaram só no nome, sendo muito mais profundas e significativas, sobretudo no que diz respeito às sociedades, tema que foi integralmente reformulado nesse período. As mudanças ainda passam por um processo de consolidação, sendo necessários estudo e reflexão sobre os temas para que o direito possa fornecer uma resposta satisfatória às questões relacionadas às empresas.

Além desse momento de alteração na disciplina, é sempre bom lembrar a importância do direito para a atividade empresarial e para o profissional que pretende atuar em atividades de assessoria a empresas ou trabalhar na estrutura destas.

O direito apresenta uma divisão clássica entre disciplinas de direito público e privado. Na primeira classificação, encontramos disciplinas em que o Estado é parte das relações jurídicas reguladas. Há, então, o direito penal, o direito administrativo, o direito tributário e o direito constitucional como exemplos clássicos de ramos que se relacionam diretamente com o Estado e suas atividades. No direito privado, costuma-se dizer que são estudadas as relações em que as partes são pessoas privadas, tendo como exemplos o direito civil, o direito empresarial e o direito trabalhista.

Tal divisão é muito mais de cunho didático que prático, prestando-se apenas à separação dos assuntos para estudo nas universidades. Na realidade, o estudo dos ramos do direito acaba se concentrando nos problemas a serem enfrentados ou nas pessoas que estão relacionadas a eles.

Nesse sentido, para quem tem interesse nas empresas e em suas atividades, a divisão clássica perde o sentido, sendo importante o estudo dos ramos do direito que mais influem em seu cotidiano. Assim, para a empresa, são de vital importância o direito tributário, o direito trabalhista, o direito empresarial e parte do direito civil.

Essa exposição visa demonstrar a importância do direito empresarial para os profissionais que buscam atuar nessa atividade. No entanto, esse estudo é relevante não apenas para os profissionais do direito, como advogados e consultores, mas também para contadores e administradores – uma vez que a tomada de decisão desses profissionais está diretamente ligada às regulamentações que dispõem sobre os custos tributários, os encargos trabalhistas e a formatação jurídica das estruturas societárias em que a atividade está inserida.

Tais ramos do direito enfrentam, atualmente, desafios postos pela sociedade. Estudos apontam o Brasil como um dos países menos competitivos do mundo, em grande parte em razão do excesso de burocracia e da dificuldade de se abrir, fechar ou alterar empresas. Essas questões impactam no afamado *custo Brasil*, que deve ser reduzido para que se possa ter a competitividade necessária à concorrência internacional.

Desse modo, a obra da Professora Camile contribui para o ensino e o conhecimento desses assuntos tão importantes para a área jurídica voltada à atividade empresarial, com vistas ao ensino de uma matéria que apresenta dificuldades que nem sempre são valorizadas no mundo acadêmico.

Escrever sobre um assunto é mais fácil que ensiná-lo. O comentador que opina sobre um tema pode se dar ao luxo de evitar partes do assunto tratado; já o professor que escreve lições deve ter a preocupação de passar ao aluno o conteúdo completo e de uma maneira que permita a compreensão, mesmo que o leitor seja iniciante no estudo do direito.

Este livro alcança o intento de ser completo e didático ao mesmo tempo, tarefa que só é possível quando o autor tem domínio do assunto e compromisso com o ensino.

Prof. Dr. Érico Hack
Doutor e mestre em Direito pela PUCPR
Procurador do Município de Curitiba
Professor de graduação e pós-graduação nas disciplinas de Direito Tributário e Introdução ao Estudo do Direito (IED) – licenciado

O direito comercial, hoje mais conhecido como *direito empresarial*, vem ocupando um espaço significativo em todos os ramos da ciência jurídica moderna. Nossa pretensão nesta obra é buscar a aplicação prática das teorias jurídicas, com foco na formação das sociedades empresariais e na influência que o direito empresarial exerce sobre a formação e o aperfeiçoamento dos contabilistas e de profissionais de áreas correlatas.

Dedicamo-nos, inicialmente, à contextualização histórica, tendo em vista a importância das relações comerciais primitivas para a compreensão das atuais sociedades empresárias. Nesse sentido, abordamos tanto o direito empresarial quanto as sociedades por meio de temas atuais, sem a pretensão de analisar as divergências doutrinárias ou jurisprudenciais sobre cada assunto.

O objetivo é oferecer a você, leitor, um manual prático de situações corriqueiras da profissão contabilista, permeado pela ciência, sendo necessária sua aplicação de forma objetiva e clara.

Dessa maneira, abordamos a formação das sociedades empresariais sob o contexto histórico, analisando suas características mais importantes e apresentando alguns estudos de caso pontuais para melhor entendimento do tema.

apresentação

O livro está dividido em sete capítulos. No Capítulo 1, discorremos sobre o direito comercial, e, no Capítulo 2, discutimos sobre o meio de identificação empresarial. No Capítulo 3, explicamos a teoria geral dos contratos, e, no Capítulo 4, abordamos o conceito jurídico de sociedade anônima. No Capítulo 5, por sua vez, procuramos trazer os entendimentos sobre títulos de crédito. No Capítulo 6, apresentamos estudos acerca de protesto cambial e de ações jurídicas. Por fim no Capítulo 7, trazemos noções de direito bancário.

Como referências bibliográficas, adotamos autores clássicos e modernos, a fim de proporcionar a você um entendimento didático sobre quais são as sociedades empresariais mais utilizadas atualmente.

Buscamos, ainda, abranger ao máximo a legislação em vigência, desde a Lei Uniforme de Genebra (Decreto n. 57.663, de 24 de janeiro de 1966), passando pela Constituição Federal Brasileira, até chegar à aplicação de leis, decretos e resoluções – as chamadas *normas infraconstitucionais*, que estão subordinadas, em sua forma e em seu conteúdo, à Constituição Federal de 1988.

Ao longo da leitura, você notará que o direito comercial, abordado em todo o conteúdo deste livro, é mencionado como *direito empresarial*, uma vez que essa expressão substituiu a ideia de comércio e abrange todo o contexto empresarial.

Além disso, algumas terminologias do contexto jurídico empresarial são usadas e explicadas adequadamente no decorrer desta obra. Nesse sentido, buscamos elaborar um manual prático, de solução e de aplicabilidade real aos operadores de ciências contábeis e áreas correlatas, proporcionando uma compreensão didática e facilitadora sobre uma matéria tão atual e tão discutida no meio jurídico.

Este livro traz alguns recursos que visam enriquecer o seu aprendizado, facilitar a compreensão dos conteúdos e tornar a leitura mais dinâmica. São ferramentas projetadas de acordo com a natureza dos temas que vamos examinar. Veja a seguir como esses recursos se encontram distribuídos no decorrer desta obra.

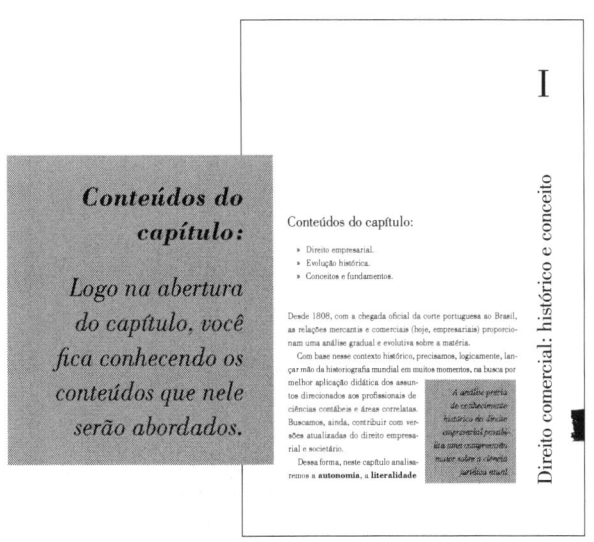

Conteúdos do capítulo:

Logo na abertura do capítulo, você fica conhecendo os conteúdos que nele serão abordados.

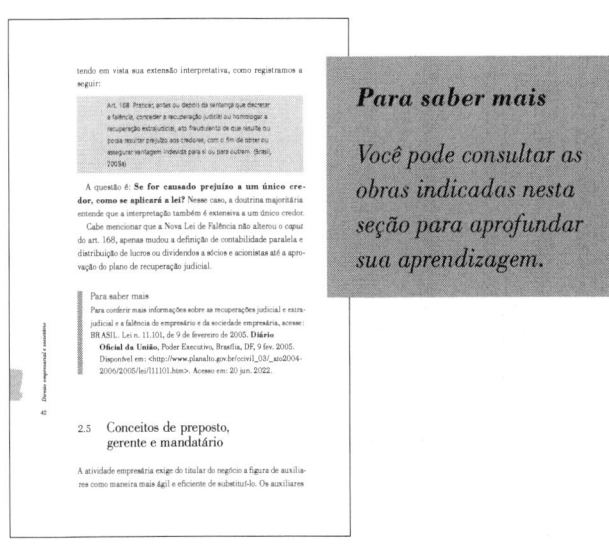

Para saber mais

Você pode consultar as obras indicadas nesta seção para aprofundar sua aprendizagem.

como aproveitar ao máximo este livro

Exemplo prático

Nesta seção, a autora articula os conteúdos do capítulo a acontecimentos históricos, casos reais e situações do cotidiano, a fim de que você perceba como os conhecimentos adquiridos são aplicados na prática e como podem auxiliar na compreensão da realidade.

Importante!

Algumas das informações mais importantes da obra aparecem nestes boxes. Aproveite para fazer sua própria reflexão sobre os conteúdos apresentados.

Síntese

Você dispõe, ao final do capítulo, de uma síntese que traz os principais conceitos nele abordados.

Questões para revisão

1) Como se dá a autonomia do direito empresarial em relação às demais áreas jurídicas?
2) O que significa a expressão *teoria da empresa*, adotada pelo Código Civil brasileiro de 2002?
3) Em que consiste a teoria poliédrica?
4) O Código Comercial de 1850 foi:
   a. revogado pelo Novo Código Civil.
   b. revogado pelo Novo Código Civil, mantendo-se em vigor apenas a parte referente ao comércio marítimo.
   c. derrogado pelo Novo Código Civil, continuando em vigor apenas a parte referente ao comércio marítimo.
   d. derrogado pelo Novo Código Civil, permanecendo em vigor apenas as partes atinentes aos comércios marítimo e aéreo.
5) (Cespe – 2007 – OAB) Considerando o atual estágio de direito comercial (ou empresarial) brasileiro, assinale a opção correta:
   a. O Código Civil de 2002, assim como o Código Comercial de 1850, adotou a teoria da empresa.
   b. O Código Civil de 2002 não revogou a antiga legislação sobre sociedades por quotas de responsabilidade limitada.
   c. O Código Civil de 2002 revogou totalmente o Código Comercial de 1850.
   d. A Constituição da República estabelece a competência privativa da União para legislar sobre direito comercial (ou empresarial).

Questões para revisão

Com estas atividades, você tem a possibilidade de rever os principais conceitos analisados. Ao final do livro, a autora disponibiliza as respostas às questões, a fim de que você possa verificar como está sua aprendizagem.

c. ao seu extravio, de forma a viabilizar a emissão da segunda via.
d. à morte do devedor, de forma a torná-lo exigível junto ao espólio.
3) (ND – 2007 – OAB-RJ) Os atos extrajudiciais que interrompem a prescrição da pretensão à execução do emitente de cheque incluem:
   a. devolução do cheque pelo sacado por insuficiência de fundos.
   b. protesto cambial.
   c. envio de correspondência notificando o não pagamento.
   d. saque de duplicata à vista em substituição ao cheque devolvido.
4) O que é uma ação monitória?
5) Como se dá a anulação de um título de crédito?

Questões para reflexão

1) Para o estudo dos títulos de crédito, como devemos interpretar a Súmula n. 387 do STF?

   Súmula n. 387
   Cambial emitida ou aceita com omissões, ou em branco – Complementação pelo Credor de Boa-Fé Antes de Cobrança ou do Protesto – A cambial emitida ou aceita com omissões, ou em branco, pode ser completada pelo credor de boa-fé antes da cobrança ou do protesto. (STF, 1964, grifo nosso)

2) Quais são os principais requisitos para formalizar o protesto de título de crédito?

Questões para reflexão

Nesta seção, a proposta é levá-lo a refletir criticamente sobre alguns assuntos e trocar ideias e experiências com seus pares.

Consultando a legislação

De maneira a facilitar o estudo do capítulo, os principais serviços de protesto de títulos estão disponíveis na Lei n. 9.492/1997. Por meio do protesto, é possível comprovar a inadimplência de determinada pessoa, física ou jurídica, quando ela é devedora de um título de crédito ou de outro documento de dívida sujeito a protesto. Recomendamos a leitura, na íntegra, da lei que dispõe sobre a estrutura da ação monitória (Lei n. 9.079/1995). Trata-se de um instrumento processual colocado à disposição do credor que possui crédito comprovado por documento escrito e que pode ser levado a juízo para satisfação de seu pagamento:
BRASIL. Lei n. 9.079, de 14 de julho de 1995. **Diário Oficial da União**, Poder Legislativo, Brasília, DF, 17 jul. 1995. Disponível em: <http://www.planalto.gov.br/ccivil_03/leis/L9079.htm>. Acesso em: 15 mar. 2018.
BRASIL. Lei n. 9.492, de 10 de setembro de 1997. **Diário Oficial da União**, Poder Legislativo, Brasília, DF, 11 set. 1997. Disponível em: <http://www.planalto.gov.br/ccivil_03/leis/L9492.htm>. Acesso em: 15 mar. 2018.

Consultando a legislação

Nesta seção, você confere como se apresenta a fundamentação legal do assunto desenvolvido no capítulo, em toda a sua abrangência, para consultar e atualizar-se.

21

I

Direito comercial: histórico e conceito

Conteúdos do capítulo:

- » Direito empresarial.
- » Evolução histórica.
- » Conceitos e fundamentos.

Desde 1808, com a chegada oficial da corte portuguesa ao Brasil, as relações mercantis e comerciais (hoje, empresariais) proporcionam uma análise gradual e evolutiva sobre a matéria.

Com base nesse contexto histórico, precisamos, logicamente, lançar mão da historiografia mundial em muitos momentos, na busca por melhor aplicação didática dos assuntos direcionados aos profissionais de ciências contábeis e áreas correlatas. Buscamos, ainda, contribuir com versões atualizadas do direito empresarial e societário.

Dessa forma, neste capítulo analisaremos a **autonomia**, a **literalidade**

> *A análise prévia do conhecimento histórico do direito empresarial possibilita uma compreensão maior sobre a ciência jurídica atual.*

e a **formalidade** das relações empresariais, que têm sido cada vez mais exigidas no direito brasileiro. Também examinaremos as novas concepções de empresário e de sociedade empresarial e sua influência nas ciências contábeis.

No decorrer do estudo, apontaremos as principais mudanças na legislação brasileira e a influência do direito comparado (textos legais de outros países).

Certamente, você observará que a análise prévia do conhecimento histórico do direito empresarial possibilita uma compreensão maior sobre a ciência jurídica atual – assim como de qualquer outro texto legal que venha a ser analisado. Isso acontece porque é por meio da história que podemos entender as grandes transformações, principalmente na área empresarial, até os dias atuais.

1.1 Evolução histórica do direito empresarial

A primeira mudança significativa na expressão *direito empresarial* ocorreu com o advento da Lei n. 10.406, de 10 de janeiro de 2002, conhecida na literatura jurídica como *Novo Código Civil –* CC (Brasil, 2002). Nesse sentido, a legislação revogou parte do Código de Direito Civil (Lei n. 3.071, de 1º de janeiro de 1916) e alterou a expressão *direito comercial* para *direito empresarial*. Cabe lembrar que o conteúdo referente ao direito marítimo do Código Civil de 1916 continua em vigor, sob a influência do Código Comercial (Lei n. 556, de 25 de junho de 1850).

Essa nova concepção de direito empresarial fornece uma análise ampla e sistêmica das organizações societárias modernas, bem como um novo entendimento que objetiva **habitualidade** e **lucro** nas relações empresariais.

Sucintamente, de acordo com Tarcísio Teixeira (2014, p. 29), o direito comercial pode ser dividido em três fases:

1. *dos usos e costumes – que se inicia, fundamentalmente, na Idade Média e vai até 1807, ano de edição do Código Comercial francês;*
2. *da teoria dos atos de comércio – de 1807 até 1942, ano marcado pela edição do Código Civil italiano;*
3. *da teoria da empresa – a partir de 1942.*

Diante desse cenário histórico, cabe destacar que o direito empresarial, desde sua origem, está vinculado às relações de comércio envolvendo circulação de mercadorias e escambo (troca). Por se tratar inicialmente de um comércio de rua (andarilhos), foi necessária a unificação de bens móveis para a circulação destes, ou seja, especiarias, moeda, dinheiro etc.

Na análise de Fran Martins (2001, p. 3), "não se pode afirmar com segurança que houve direito comercial na remota Antiguidade, muito embora os fenícios praticassem comércios em larga escala, mesmo não tendo regras específicas para tanto".

Já na Idade Média, surgiram as corporações, nas quais, pela intermediação dos cônsules*, era possível definir regras para o desenvolvimento do comércio. Esse período representou, para a ciência jurídica, o início da aplicação da **teoria objetiva dos atos de comércio**, a qual inspirou a formação do famoso Código Napoleônico, que, naquela primeira fase, foi fonte de inspiração das relações comerciais. A base dessa teoria é que um indivíduo passa a ser considerado comerciante quando pratica os atos do comércio elencados na lei.

---

* Representantes oficiais das corporações existentes nos atos de comércio durante o período da Idade Média.

Essa teoria sofreu influência direta das ideias de liberdade, igualdade e fraternidade fomentadas pela Revolução Francesa, que combatia o privilégio de classes. Em outras palavras, a tutela do direito comercial, na chamada *prática dos atos de comércio*, era direito de todos os sujeitos.

Embora a teoria objetiva dos atos de comércio tenha influenciado várias legislações de diversos países, inclusive o Código Comercial brasileiro de 1850, cabe destacar que não houve um critério didático para defini-la.

Na lição de Rubens Requião (1998), essa teoria está ultrapassada, tendo em vista a ausência da definição de comerciante. Tal lacuna tornou-se fundamental para o surgimento da chamada *teoria da empresa*, na qual o critério de identificação – não só dos atos de comércio, mas também de quem é o comerciante – passou a não depender mais de corporações ou da atuação dos cônsules.

Diante desse novo cenário jurídico, a **teoria da empresa** substituiu os atos de comércio e passou a definir o instituto da empresa como uma atividade econômica organizada, responsável pela circulação de bens e serviços. Principalmente, passou-se a reconhecer o empresário sem mais qualquer relação com as corporações anteriormente estabelecidas.

Não podemos deixar de mencionar a importância do Código Civil italiano de 1942, o qual inspirou fortemente, em nossa legislação pátria, a reforma do CC de 2002.

1.2 Conceitos e fundamentos do direito empresarial

Para melhor conceituação e fundamentação da ciência do direito empresarial, destacamos a influência da chegada da corte portuguesa ao Brasil, em 1808. Esse fato, por meio da abertura dos portos, possibilitou que o Brasil, até então uma colônia simples e submissa a Portugal, comercializasse com os países aliados, principalmente a Inglaterra.

Constatamos isso na obra *1808*, de Laurentino Gomes (2007, p. 83), quando ele explica que a abertura dos portos revolucionou as práticas comerciais no Brasil, fundamentando as principais transformações nessa área desde então:

> As consequências da abertura dos portos e do tratado de 1810 podem ser medidas sem números. Em 1808 entraram no porto do Rio de Janeiro noventa navios estrangeiros, o que correspondia a 10% do total. Os outros 90% eram embarcações portuguesas. Dois anos depois, o número de navios estrangeiros tinha aumentado cinco vezes, para 422, quase todos ingleses, enquanto os portugueses haviam diminuído. Em 1809, um ano depois da abertura dos portos, já existiam mais de cem empresas comerciais britânicas operando no Rio. Em 1812, o Brasil vendeu para a Inglaterra menos de 700 mil libras esterlinas em mercadorias. Na mão contrária, os ingleses exportaram para o Brasil quase três vezes mais, cerca de 2 milhões de libras esterlinas. As exportações britânicas para o Brasil eram 25% maiores do que todas as vendas para a Ásia e metade de tudo o que era exportado para os Estados Unidos, a ex-colônia declarada independente em 1776. Oito de cada dez libras esterlinas exportadas para a América do Sul vinham para o Brasil.

Dessa forma, o autor deixa claro que tais medidas adotadas por D. João VI representaram mudanças radicais para o Brasil no que diz respeito aos atos de comércio. O país começou a explorar seus recursos naturais de forma avassaladora, com a criação de fábricas de ferro e de pólvora, a exploração de minério (especialmente ouro e diamante) etc.

Um importante fator a ser considerado no período colonial é o tráfico de escravos. Os comerciantes negreiros representavam os empresários da época e lucravam muito com tal atividade. Para se ter uma ideia de números, quase 2 milhões de negros cativos foram importados para trabalhar nas minas e lavouras do Brasil durante o século XVIII. Foi uma das maiores movimentações forçadas de pessoas em toda a história da humanidade. Como resultado, a população da colônia, estimada em cerca de 300 mil habitantes na última década do século XVII, saltou para mais de 3 milhões por volta de 1800, ou seja, a população aumentou dez vezes em pouco tempo.

Um exemplo do que acontecia na época pode ser tomado pelo estado do Paraná. Santos (2006, p. 91-92) afirma que, durante o período da escravidão, o estado buscou não registrar os acontecimentos algozes, pois isso representava um grande avanço para as relações comerciais da época:

> *Houve escravos indígenas, negros e, também, brancos. Sabe-se que esta condição de trabalho iniciou no Paraná, no final do século XVII, quando a 5ª Comarca de São Paulo deixou de ser província deste Estado (1853). E isso se deu num período em que se encontrava ouro nas regiões de Paranaguá (litoral) e Açungui (no planalto). Para os exploradores da época, a força de trabalho escrava era necessária, principalmente do negro, pois este sabia a forma de obtenção do mineral.*

Embora seja um pensamento bastante controverso, o fenômeno do tráfico de escravos se tornou ponto fundamental de transformação do Brasil Colônia em um país "independente" e representou, para o direito, o surgimento do Código Comercial de 1850. A redação desse código, por sua vez, representou um grande marco no comércio marítimo e em sua regulamentação.

Ao estudar sobre as fases evolutivas do direito comercial, cabe mencionar os ensinamentos de Fábio Ulhoa Coelho (2014, p. 8) sobre a aplicação direta e atual da terceira etapa da teoria da empresa:

> *Em 1942, na Itália, surge um novo sistema de regulação das atividades econômicas dos particulares. Nele, alarga-se o âmbito de incidência do Direito Comercial, passando as atividades de prestação de serviços e ligadas à terra a se submeterem às mesmas normas aplicáveis às comerciais, bancárias, securitárias e industriais. Chamou-se o novo sistema de disciplina das atividades privadas de teoria da empresa. O Direito Comercial em sua terceira etapa evolutiva deixa de cuidar de determinadas atividades (as de mercancia) e passa a disciplinar uma forma específica de produzir ou circular bens ou serviços, a empresarial.*

Pelas palavras do autor citado, é fácil concluir que o conceito de direito empresarial teve influência direta da teoria da empresa, razão pela qual, na nomenclatura jurídica, o termo *comerciante* praticamente caiu em desuso.

Outro fato importante, segundo Comparato (1990), deu-se quando, em 1943, o jurista italiano Alberto Asquini publicou sua obra *Profili dell'impresa* (em português, *Perfis da empresa*), definindo a chamada **teoria poliédrica**. Esta passou a representar a atual teoria da empresa no Brasil.

O autor italiano defendia um conceito de empresa inovador, com quatro dimensões ou perfis:

> *1)* **perfil subjetivo***: é quem exercita profissionalmente atividade econômica organizada com o fim da produção e da troca de bens ou serviços. Ou seja, empresa é uma pessoa.*

2) **perfil funcional:** Asquini sugere que a empresa é uma atividade. É uma atividade voltada para a produção ou circulação de bens ou serviços, ou seja, uma organização dinâmica.

3) **perfil objetivo ou patrimonial:** a empresa como estabelecimento mercantil, ou seja, nesse perfil, empresa é considerada como um conjunto de bens, que se destinam ao exercício da atividade empresarial, seja essa qual for.

4) **perfil corporativo:** a empresa como uma instituição (pessoa jurídica), ou seja, para esse perfil, empresa é um conjunto de pessoas que se unem buscando um objetivo econômico em comum. Empresa, aqui, seria o somatório do empresário, dos seus sócios, dos seus colaboradores, dos seus funcionários etc. (Comparato, 1990, p. 109, grifo nosso)

Podemos observar que esses quatro perfis coexistem nas empresas, pois tratam de perspectivas diversas sobre a mesma realidade. Como já discutimos, a atividade das pessoas jurídicas empresariais é dinâmica e envolve vários atores. Analisaremos, no capítulo seguinte, os sujeitos que compõem a atividade empresarial.

Figura 1.1 – Teoria poliédrica

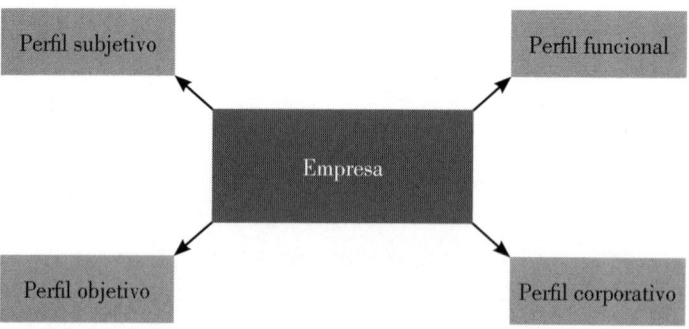

Fonte: Comparato, 1990, p. 109.

> Exemplo prático
>
> A abertura dos portos brasileiros representou, para os atos de comércio, a primeira medida administrativa necessária para que o país pudesse comercializar com países aliados a Portugal, principalmente a Inglaterra. A partir de tal medida, o Brasil passou da condição de colônia à de país "independente" de Portugal, embora essa subordinação tenha perdurado até a Constituição Federal Republicana de 1891.

Síntese

Neste capítulo, fizemos a contextualização histórica do direito empresarial e do processo evolutivo da legislação específica. Essa transformação vem ocorrendo desde o texto normativo do Código Comercial de 1850, inspirado nos atos de comércio do Código Comercial francês de 1807, passando pelo Código Civil de 2002, que, por sua vez, foi inspirado no Código Civil italiano de 1942.

Assim, foi possível observar que o termo *direito comercial* está em total desuso, tendo sido substituído pela expressão *direito empresarial*. Isso revela a nova concepção do mercado sobre circulação de bens e serviços.

A mudança é visível na legislação brasileira quando se observa a redação do Código Civil de 2002. De tal modo, neste capítulo, traçamos toda a evolução histórica do direito empresarial e assinalamos a influência direta do Código Civil italiano ao adotar os elementos essenciais de uma empresa (organização, habitualidade e lucro). Esses elementos influenciaram a redação do Código Civil de 2002 para a formação e a conceituação de uma atividade empresária no ordenamento jurídico brasileiro.

Questões para revisão

1) Como se dá a autonomia do direito empresarial em relação às demais áreas jurídicas?
2) O que significa a expressão *teoria da empresa*, adotada pelo Código Civil brasileiro de 2002?
3) Em que consiste a teoria poliédrica?
4) O Código Comercial de 1850 foi:
   a. revogado pelo Novo Código Civil.
   b. revogado pelo Novo Código Civil, mantendo-se em vigor apenas a parte referente ao comércio marítimo.
   c. derrogado pelo Novo Código Civil, continuando em vigor apenas a parte referente ao comércio marítimo.
   d. derrogado pelo Novo Código Civil, permanecendo em vigor apenas as partes atinentes aos comércios marítimo e aéreo.
5) (Cespe – 2007 – OAB) Considerando o atual estágio do direito comercial (ou empresarial) brasileiro, assinale a opção correta:
   a. O Código Civil de 2002, assim como o Código Comercial de 1850, adotou a teoria da empresa.
   b. O Código Civil de 2002 não revogou a antiga legislação sobre sociedades por quotas de responsabilidade limitada.
   c. O Código Civil de 2002 revogou totalmente o Código Comercial de 1850.
   d. A Constituição da República estabelece a competência privativa da União para legislar sobre direito comercial (ou empresarial).

Questões para reflexão

1) A expressão *teoria da empresa*, adotada pelo Código Civil brasileiro de 2002, trouxe mudanças significativas para os modelos de sociedade empresarial, inclusive no âmbito legal. Explique essa transformação.

2) Em sua opinião, é possível afirmar que os traficantes de escravos no século XIX – período de vigência do Código Comercial de 1850 – foram os primeiros empresários existentes no Brasil?

Consultando a legislação

De modo a padronizar as mudanças que ocorreram com a revogação parcial do Código Comercial brasileiro (Lei n. 556/1850) e o Código Civil em vigor (Lei n. 10.406/2002), que determina a teoria da empresa como a estrutura atual das práticas empresariais, tornam-se necessários alguns apontamentos para comparação desses dois diplomas legais. Essa estrutura deve ser consultada nos documentos que citamos a seguir. Eles elencam, principalmente, os dispositivos da Lei n. 556/1850 que ainda estão em vigor, em virtude de sua aplicação ao comércio marítimo (os arts. 1º a 456 foram revogados pela Lei n. 10.406/2002).

BRASIL. Lei n. 556, de 25 de junho de 1850. **Coleção de Leis do Império do Brasil**, Poder Executivo, Rio de Janeiro, 1850. Disponível em: <https://www.planalto.gov.br/ccivil_03/leis/lim/lim556.htm>. Acesso em: 2 abr. 2018.

BRASIL. Lei n. 10.406, de 10 de janeiro de 2002. **Diário Oficial da União**, Poder Legislativo, Brasília, DF, 11 jan. 2002. Disponível em: <http://www.planalto.gov.br/ccivil_03/LEIS/2002/L10406.htm>. Acesso em: 2 abr. 2018.

II

O empresário e seu meio de identificação

Conteúdos do capítulo:

» Definição legal de empresário.
» Capacidade civil do empresário.
» Impedimentos legais.
» Sanções para o exercício ilegal da atividade empresarial.
» Conceitos de preposto, gerente e mandatário.
» Contabilidade eletrônica.
» Elaboração de procuração.

De acordo com o art. 966 da Lei n. 10.406, de 10 de janeiro de 2002 – o Código Civil (CC) brasileiro –, "Considera-se **empresário** quem exerce profissionalmente atividade econômica organizada para a produção ou a circulação de bens ou de serviços" (Brasil, 2002, grifo nosso).

Tal definição foi reproduzida do art. 2.082 do Código Civil italiano de 1942 (Itália, 1942), documento que forneceu as bases da figura do empresário, pessoa física ou jurídica, que seria aplicada na teoria da empresa. Em outras palavras, a atividade de um empresário exige **organização**, **habitualidade** e **lucro**.

A concepção de empresário vem admitindo, ao longo do tempo, mudanças conceituais importantes, de acordo com suas atividades econômicas devidamente organizadas – da circulação de bens ou das prestações de serviços.

> *A concepção de empresário vem admitindo, ao longo do tempo, mudanças conceituais importantes, de acordo com suas atividades.*

No entanto, merece atenção especial a redação da Consolidação das Leis do Trabalho (CLT) – Decreto-Lei n. 5.452, de 1º de maio de 1943 –, a qual, ao definir o **empregador**, consegue abranger toda e qualquer atividade empresarial organizada ao afirmar que este assume riscos:

> Art. 2º Considera-se empregador a empresa, individual ou coletiva, que, **assumindo os riscos da atividade econômica**, admite, assalaria e dirige a prestação pessoal de serviço.
> (Brasil, 1943, grifo nosso)

Analisemos a redação do parágrafo único do art. 966 do novo CC:

> Art. 966 [...]
> Parágrafo único. Não se considera empresário quem exerce profissão intelectual, de natureza científica, literária ou artística, ainda com o concurso de auxiliares ou colaboradores, salvo se o exercício da profissão constituir elemento de empresa. (Brasil, 2002)

A intenção do legislador é excluir os profissionais que exerçam atividade intelectual, pois há o critério de escolha pessoal do cliente, afastando o conceito de empresa. Nesse âmbito, estão considerados médicos, contadores, dentistas e advogados, por exemplo. No entanto, quando a atividade do profissional intelectual constitui elemento da empresa, a atividade passa a ser empresarial.

Como regra geral, a organização da atividade empresária representa um conjunto de fatores de produção, ou seja, matéria-prima, capital (recursos financeiros, bens móveis e imóveis etc.), trabalho (mão de obra) e tecnologia. Tal atividade organizada pode contar também com auxiliares e a existência de um estabelecimento*.

Assim, se compararmos os dois dispositivos legais (art. 966 do CC e art. 2º da CLT), será possível afirmar que a redação das leis trabalhistas consegue ser mais clara em definir *empresário* do que o CC de 2002. Em primeiro lugar, em se tratando da abrangência do termo *empregador*, pois contempla toda e qualquer atividade empresária que assume seus riscos. Em segundo lugar, por não excluir as atividades intelectual, científica, literária ou artística do exercício da atividade empresarial.

2.1 Definição legal de empresário

Tarcísio Teixeira (2014) busca definir *empresário* ao classificá-lo em cinco grupos: (1) do exercício de uma atividade; (2) da natureza econômica da atividade; (3) da organização da atividade; (4) da profissionalidade do exercício de tal atividade; e (5) da finalidade da produção ou da circulação de bens ou de serviços. Observe a definição de cada um dos grupos:

1. O exercício da atividade do empresário representa o ato, ou seja, a ação empresária capaz de gerar

---

* Sobre esse assunto, cabe a definição legal do art. 1.142 do CC, que não necessariamente inclui um ponto fixo. Um carrinho de cachorro-quente, por exemplo, pode ser considerado o estabelecimento de um empresário.

efeitos jurídicos e materiais. Por exemplo: o empresário, ao vender uma mercadoria, gera atos jurídicos, pois há a cobrança de tributos; no entanto, se a mesma mercadoria apenas se deslocar de um setor da empresa para outro (por exemplo, do administrativo para o almoxarifado), teremos apenas um ato material no exercício da atividade empresária.

*2. **A natureza econômica da atividade empresária** está diretamente relacionada ao lucro – ou seja, tem como principal finalidade a produção, a circulação de bens ou a prestação de serviços reconhecidos como empresariais.*

*3. **A organização da atividade** diz respeito ao fato de que, quanto mais as atividades econômicas se afastam da organização e se aproximam da pessoalidade, menos elas são empresariais.*

*4. **A profissionalidade** está diretamente relacionada à eficiência do profissional empresário em exercer sua atividade. Diz respeito à prática habitual do negócio pelo empresário – à sua especialidade –, ou seja, quando ele está à frente dos negócios, e não às suas atividades esporádicas, que se referem à sua pessoalidade. Portanto, é ele que possui conhecimento técnico e detém as informações do seu negócio.*

*5. **A produção ou a circulação de bens ou de serviços** têm relação com a forma como o empresário é definido: pela fabricação de mercadorias (por exemplo, montadoras de veículos etc.), pela prestação de serviços (bancos, seguradoras, restaurantes etc.) ou, ainda, pela circulação de bens – ou seja, a aquisição de bens para revenda (loja de roupas, farmácias etc.) – ou pela circulação de serviços (agente de viagens, corretor de seguros etc.).* (Teixeira, 2014)

2.2 Capacidade

Para descrever a **capacidade civil** do empresário, remetemo-nos à legislação do CC de 2002: "Art. 972. Podem exercer a atividade de empresário os que estiverem em pleno gozo da capacidade civil e não forem legalmente impedidos" (Brasil, 2002).

> *A capacidade civil, como regra geral, inicia-se aos 18 anos.*

De acordo com o art. 5º do CC, a capacidade civil, como regra geral, inicia-se aos 18 anos: "A menoridade cessa aos dezoito anos completos, quando a pessoa fica habilitada à prática de todos os atos da vida civil" (Brasil, 2002).

2.3 Impedimentos legais

Uma pessoa pode ser plenamente capaz civilmente, mas não ser capaz de exercer atividade empresária se estiver impedida por lei. Sendo assim, não pode ser empresário alguém que:

» está falido e não reabilitado;
» é funcionário público;
» é militar;
» é devedor do Instituto Nacional do Seguro Social (INSS).

Cabe salientar que tais impedimentos podem acarretar consequências, inclusive criminais, caso o empresário exerça ilegalmente a atividade. Segundo Fábio Ulhoa Coelho (2014, p. 20), "essas proibições têm por finalidade a proteção do próprio empresário individual, quando diz respeito à capacidade; e proteção de terceiros, quando se proíbe o exercício da atividade".

Surge, então, o seguinte questionamento: **Quem pode ser empresário?** A resposta é: Na regra geral, **qualquer pessoa que tenha capacidade civil.**

No entanto, há exceções, que se iniciam com o **falido não reabilitado**, por exemplo, que está sob a observação e a aplicação da Lei n. 11.101, de 9 de fevereiro de 2005 – Lei de Falências (Brasil, 2005a). Nesse caso, os falidos não reabilitados só podem ser sócios após o trânsito em julgado da sentença que extinguir suas obrigações civis e penais – ou seja, após sua reabilitação:

> Art. 102. O falido fica inabilitado para exercer qualquer atividade empresarial a partir da decretação da falência e até a sentença que extingue suas obrigações, respeitado o disposto no § 1º do art. 181 desta Lei.
> Parágrafo único. Findo o período de inabilitação, o falido poderá requerer ao juiz da falência que proceda à respectiva anotação em seu registro. (Brasil, 2005a)

Cabe mencionar que o referido artigo não sofreu alteração em sua redação, mesmo com a vigência da Nova Lei de Falência – Lei n. 14.112, de 24 de dezembro de 2020 (Brasil, 2020). Já os **funcionários públicos** não podem ser empresários individuais nem diretores ou controladores de sociedades empresariais; podem apenas ser cotistas ou acionistas.

Inclusive, a Lei n. 8.112, de 11 de dezembro de 1990, que dispõe sobre o regime jurídico (único) dos servidores públicos civis da União, das autarquias e das fundações públicas federais (Brasil, 1991a), foi alterada pela Lei n. 11.784, de 22 de setembro de 2008. Esta última estabelece em seu art. 117, inciso X: "participar de gerência ou administração de sociedade privada, personificada ou não personificada, exercer o comércio, exceto na qualidade de acionista, cotista ou comanditário" (Brasil, 2008).

2.4 Sanções para o exercício ilegal da atividade empresarial

A maioria dos autores afirma que as sanções aplicáveis aos empresários (pessoa física ou jurídica) acarretam responsabilidades administrativas quando do exercício de cargo público, bem como responsabilidades administrativas e penais quando envolvem falências fraudulentas.

As sanções aplicadas a infrações de ordem administrativa podem ser gradativas, desde advertência até demissão do cargo.

Quando se trata de empresário (pessoa física ou jurídica), os crimes falimentares expostos na Lei n. 11.101/2005 (Lei de Falências) esboçam a tipificação das sanções. No Quadro 2.1, disposto a seguir, apresentamos a classificação desses crimes na visão de Elisabete Vido (2012).

Quadro 2.1 – Classificação de crimes

Crimes próprios	Só podem ser praticados por uma categoria de pessoa (por exemplo: devedor).
Crimes impróprios	Podem ser praticados por qualquer pessoa.
Crimes antefalimentares	São praticados antes da declaração judicial da falência ou da sentença que concede a recuperação judicial ou homologa a recuperação extrajudicial.
Crimes pós-falimentares	São praticados depois da sentença declaratória da falência, bem como depois da sentença que concede a recuperação judicial ou homologa a recuperação extrajudicial.

Fonte: Elaborado com base em Vido, 2012, p. 403.

Resumidamente, podemos afirmar que o delito mencionado no art. 168 da Lei n. 11.101/2005 é o mais debatido pelos especialistas, tendo em vista sua extensão interpretativa, como registramos a seguir:

> Art. 168. Praticar, antes ou depois da sentença que decretar a falência, conceder a recuperação judicial ou homologar a recuperação extrajudicial, ato fraudulento de que resulte ou possa resultar prejuízo aos credores, com o fim de obter ou assegurar vantagem indevida para si ou para outrem. (Brasil, 2005a)

A questão é: **Se for causado prejuízo a um único credor, como se aplicará a lei?** Nesse caso, a doutrina majoritária entende que a interpretação também é extensiva a um único credor.

Cabe mencionar que a Nova Lei de Falência não alterou o *caput* do art. 168, apenas mudou a definição de contabilidade paralela e distribuição de lucros ou dividendos a sócios e acionistas até a aprovação do plano de recuperação judicial.

> Para saber mais
>
> Para conferir mais informações sobre as recuperações judicial e extrajudicial e a falência do empresário e da sociedade empresária, acesse: BRASIL. Lei n. 11.101, de 9 de fevereiro de 2005. **Diário Oficial da União**, Poder Executivo, Brasília, DF, 9 fev. 2005. Disponível em: <http://www.planalto.gov.br/ccivil_03/_ato2004-2006/2005/lei/l11101.htm>. Acesso em: 20 jun. 2022.

2.5 Conceitos de preposto, gerente e mandatário

A atividade empresária exige do titular do negócio a figura de auxiliares como maneira mais ágil e eficiente de substituí-lo. Os auxiliares são, portanto, pessoas que substituem o titular do negócio de acordo com as regras estabelecidas em lei. A seguir, expomos alguns conceitos importantes nesse panorama.

> *É notório que a atuação do preposto deve ser pautada na lei. Caso contrário, representará uma prática ilegal.*

Preposto

Os **prepostos** servem como auxiliares tanto do empresário individual quanto da sociedade empresária. São pessoas que estão expostas à frente dos negócios.

Cabe mencionar que a figura do preposto se origina de um contrato de trabalho ou de prestação de serviços – ou seja, trata-se de uma relação jurídica de **subordinação**.

O art. 1.169 do CC elenca situações nas quais a atuação dos prepostos emana de autorização expressa para exercer o mandato, além de tratar dos demais atos que podem trazer consequências quando do seu descumprimento.

É o caso, por exemplo, de o preposto exercer a concorrência sem autorização. Os arts. 1.170 e 1.178 do CC preveem tais situações:

> Art. 1.170. O preposto, salvo autorização expressa, não pode negociar por conta própria ou de terceiro, nem participar, embora indiretamente, de operação do mesmo gênero da que lhe foi cometida, sob pena de responder por perdas e danos e de serem retidos pelo preponente os lucros da operação.
> [...]
> Art. 1.178. Os preponentes são responsáveis pelos atos de quaisquer prepostos, praticados nos seus estabelecimentos e relativos à atividade da empresa, ainda que não autorizados por escrito.
> Parágrafo único. Quando tais atos forem praticados fora do estabelecimento, somente obrigarão o preponente nos limites dos poderes conferidos por escrito, cujo instrumento pode ser suprido pela certidão ou cópia autêntica do seu teor. (Brasil, 2002)

É notório que a atuação do preposto deve ser pautada na lei. Caso contrário, representará uma prática ilegal. Outra informação relevante é que, dos auxiliares denominados *prepostos*, os mais importantes são o **gerente** e o **contabilista**.

Gerente

Conforme o art. 1.172 do CC, o **gerente** representa o preposto permanente da atividade empresarial: "Considera-se gerente o preposto permanente no exercício da empresa, na sede desta, ou em sucursal, filial ou agência" (Brasil, 2002).

Em regra geral, os poderes do gerente são amplos. Para que haja limitação, faz-se necessária a averbação no Registro Público de Empresas Mercantis (ou Junta Comercial), conforme art. 1.174 do CC de 2002.

Mandatário e contabilista

O **mandatário** é o representante de uma pessoa, ou seja, o outorgado (pessoa física ou jurídica). Ele representa os interesses dessa pessoa (que também pode ser física ou jurídica), chamada *outorgante*. Cabe ao mandatário, por meio dos poderes delegados pelo outorgante, praticar atos ou não para representar os interesses deste.

A procuração constitui-se uma representação escrita da relação jurídica entre o mandatário e o mandante. Ela é um documento formal de representação em que se designam poderes admitidos pelo mandatário.

O **contabilista** tem uma participação fundamental nos atos de representação como mandatário. Tanto é verdade que, no campo empresarial, os registros são elaborados por contabilistas, devidamente inscritos no Conselho Regional de Contabilidade (CRC).

Todas as anotações dos livros são lançadas como se fossem feitas pelo empresário ou pela sociedade empresária – daí a responsabilidade do contabilista. Caso contrário, se ele agir de má-fé, ficará sujeito a sofrer as consequências sobre o ato de ação ou omissão, conforme a Lei Civil determina:

> Art. 1.177. Os assentos lançados nos livros ou fichas do preponente, por qualquer dos prepostos encarregados de sua escrituração, produzem, salvo se houver procedido de má-fé, os mesmos efeitos como se o fossem por aquele.
> Parágrafo único. No exercício de suas funções, **os prepostos são pessoalmente responsáveis**, perante os preponentes, pelos atos culposos; e, perante terceiros, solidariamente com o preponente, pelos atos dolosos. (Brasil, 2002, grifo nosso)

2.6 Contabilidade eletrônica

Com o avanço da informática e o propósito de facilitar as escriturações contábeis, foi criado, por meio do Decreto n. 6.022, de 22 de janeiro de 2007, o Sistema Público de Escrituração Digital (Sped), no qual o sistema de contabilidade pode ser feito *on-line*, bem como todo o registro necessário quando da substituição dos livros por registros eletrônicos (Brasil, 2007).

No entanto, as mudanças sobre a matéria estão em um ritmo avassalador. Para se ter uma ideia, o Decreto n. 6.022/2007 foi alterado pelo Decreto n. 7.979, de 8 de abril de 2013 (Brasil, 2013). O Sped, pela redação atual, é um instrumento criado para unificar, de forma digitalizada, livros e documentos que integram a escrituração contábil e fiscal de um estabelecimento comercial.

Deve ser dada atenção especial ao teor do Decreto n. 7.979/2013 no que se refere às pessoas físicas e jurídicas – ou seja, aquelas que, mesmo sendo, pela Receita Federal, imunes ou isentas de suas declarações de renda, devem adotar o Sped. Assim, não restam dúvidas de que o papel está sendo substituído pela tecnologia como forma de evitar fraudes fiscais ou contábeis.

A tecnologia não para de colaborar com a substituição do papel. Em 16 de outubro de 2017, foi publicada a última versão 4.07 do programa da Escrituração Contábil Digital (EDC). Segundo a Receita Federal, tal versão promoverá melhorias na visualização dos relatórios gerados pelo programa da ECD (informações do rodapé), bem como inclusão dos planos de contas referenciais P100B (Contas Patrimoniais – PJ do Lucro Presumido – Financeiras) e P150B (Contas de Resultado – PJ do Lucro Presumido – Financeiras) da ECF (Escrituração Contábil Fiscal) e da ECD (Escrituração Contábil Digital).

> Para saber mais
> A referida versão do programa da ECD é fornecida pela Receita Federal:
> BRASIL. Receita Federal. Sistema Público de Escrituração Digital. **ECD**. Disponível em: <http://sped.rfb.gov.br/projeto/show/273>. Acesso em: 14 mar. 2018.

2.7 Elaboração de procuração

A **procuração** é um documento que confere ao mandatário poderes específicos para atuar seja na esfera dos órgãos públicos, seja em outros setores necessários de atuação representada.

Como exemplo, utilizaremos um modelo de procuração fornecido pela Receita Federal.

Procuração: *pessoa jurídica*

> Outorgante: (*nome da empresa*), também denominada (*nome fantasia, se houver*), CNPJ n. _____, sita a (*endereço completo*), telefone _____, neste ato representado por (*nome do(s) sócio(s), identificado por CPF/RG, com poderes para assinar procuração, devidamente indicado no contrato social conforme cláusula de gerência*), constitui (*escritório contábil/contador/advogado/outro – especificar*), sito a (*endereço completo*), CNPJ/CPF n. _____, telefone _____, como seu bastante procurador com o fito específico de representá-la junto à Receita Federal do Brasil, com poderes para requerer/solicitar (*especificar poderes*), responsabilizando-se por todos os atos praticados no cumprimento deste instrumento, cessando os efeitos deste a partir de (*dia/mês/ano*).
>
> _____, _____ de _____ de _____
> (Local)   (Data)
>
> _____
> (Assinatura do sócio com poderes de gerência no contrato social)

Fonte: Brasil, 2018.

Com o avanço da internet, é possível utilizar tanto a certificação digital quanto a assinatura de próprio punho para atestar que o contabilista poderá atuar de acordo com o instrumento procuratório para fins de representação.

> Para saber mais
> Se tiver interesse em se aprofundar no preenchimento de formulários desse tipo, você pode acessar:
> BRASIL. Ministério da Fazenda. Receita Federal. Formulários. **Modelo de procuração pessoa jurídica.** Disponível em: <http://idg.receita.fazenda.gov.br/formularios/outros-assuntos/procuracoes/modelo-de-procuracao-pessoa-juridica.doc/view>. Acesso em: 14 mar. 2018.

2.8 O empresário e a natureza jurídica das recentes mudanças na legislação

A Lei Complementar (LC) n. 155, de 27 de outubro de 2016 (Brasil, 2016), trouxe significativas mudanças de ordem tributária, administrativa e judicial. Seus efeitos produziram parcelamento de dívidas e reduções de alíquotas.

Por essa razão, o contribuinte pode desistir da demanda administrativa ou judicial com a Receita Federal e oficializar seu pedido de parcelamento de dívida ou novo enquadramento empresarial.

Outra mudança trazida pela LC 155/2016 se deu para o microempreendedor individual (MEI), cujo limite de receita bruta passou de R$ 60 mil para R$ 81 mil anuais. E as mudanças não param por aí; motivo pelo qual vale destacar que um dos maiores desafios dos profissionais do direito é acompanhar as mudanças na legislação.

Recentemente, o Projeto de Lei Complementar n. 108, de 2021[*] (Brasil, 2021c), por exemplo, busca alterar novamente a Lei Complementar n. 123, de 14 de dezembro de 2006, de modo a permitir o enquadramento de pessoa com receita bruta anual igual ou

---

[*] Para maiores informações, acesse <https://www25.senado.leg.br/web/atividade/materias/-/materia/149107>. Acesso em: 24 jun. 2022.

inferior a R$ 130 mil (cento e trinta mil reais) como MEI e possibilitar-lhe contratar até dois empregados. Esse projeto está em tramitação na Câmara dos Deputados, na Comissão de Finanças e Tributação, aguardando votação.

A LC n. 155/2016 criou, ainda, o chamado *investidor-anjo*, figura jurídica ratificada pela Lei Complementar n. 182*, de 1º de junho 2021 (Brasil, 2021b). Vejamos sua definição legal pela nova redação:

> Art. 2º Para os efeitos desta Lei Complementar, considera-se:
> I – investidor-anjo: investidor que não é considerado sócio nem tem qualquer direito a gerência ou a voto na administração da empresa, não responde por qualquer obrigação da empresa e é remunerado por seus aportes;
> [...]
> Art. 4º São enquadradas como startups as organizações empresariais ou societárias, nascentes ou em operação recente, cuja atuação caracteriza-se pela inovação aplicada a modelo de negócios ou a produtos ou serviços ofertados.
> § 1º Para fins de aplicação desta Lei Complementar, são elegíveis para o enquadramento na modalidade de tratamento especial destinada ao fomento de startup o empresário individual, a empresa individual de responsabilidade limitada, as sociedades empresárias, as sociedades cooperativas e as sociedades simples:
> I – com receita bruta de até R$ 16.000.000,00 (dezesseis milhões de reais) no ano-calendário anterior ou de R$ 1.333.334,00 (um milhão, trezentos e trinta e três mil trezentos e trinta e quatro reais) multiplicado pelo número de meses de atividade no ano-calendário anterior, quando inferior a 12 (doze) meses, independentemente da forma societária adotada;

---

* Para maiores informações, acesse <http://www.planalto.gov.br/ccivil_03/leis/lcp/Lcp182.htm>. Acesso em: 28 jun. 2022.

II – com até 10 (dez) anos de inscrição no Cadastro Nacional da Pessoa Jurídica (CNPJ) da Secretaria Especial da Receita Federal do Brasil do Ministério da Economia; [...]

Art. 5° As startups poderão admitir aporte de capital por pessoa física ou jurídica, que poderá resultar ou não em participação no capital social da startup, a depender da modalidade de investimento escolhida pelas partes.

[...]

VI – contrato de investimento-anjo na forma da Lei Complementar n° 123, de 14 de dezembro 2006;

[...]

Art. 8° O investidor que realizar o aporte de capital a que se refere o art. 5° desta Lei Complementar:

I – não será considerado sócio ou acionista nem possuirá direito a gerência ou a voto na administração da empresa, conforme pactuação contratual;

II – não responderá por qualquer dívida da empresa, inclusive em recuperação judicial, e a ele não se estenderá o disposto no art. 50 da Lei n° 10.406, de 10 de janeiro de 2002 (Código Civil), no art. 855-A da Consolidação das Leis do Trabalho (CLT), aprovada pelo Decreto-Lei n° 5.452, de 1° de maio de 1943, nos arts. 124, 134 e 135 da Lei n° 5.172, de 25 de outubro de 1966 (Código Tributário Nacional), e em outras disposições atinentes à desconsideração da personalidade jurídica existentes na legislação vigente.

Parágrafo único. As disposições do inciso II do caput deste artigo não se aplicam às hipóteses de dolo, de fraude ou de simulação com o envolvimento do investidor.

[...]

Art. 17. A Lei Complementar n° 123, de 14 de dezembro de 2006, passa a vigorar com as seguintes alterações:

[...]

> § 6º As partes contratantes poderão:
> I – estipular remuneração periódica, ao final de cada período, ao investidor-anjo, conforme contrato de participação; ou
> II – prever a possibilidade de conversão do aporte de capital em participação societária.
> § 7º O investidor-anjo somente poderá exercer o direito de resgate depois de decorridos, no mínimo, 2 (dois) anos do aporte de capital, ou prazo superior estabelecido no contrato de participação, e seus haveres serão pagos na forma prevista no art. 1.031 da Lei nº 10.406, de 10 de janeiro de 2002 (Código Civil), não permitido ultrapassar o valor investido devidamente corrigido por índice previsto em contrato.
> (Brasil, 2021b)

Dessa forma, o investidor-anjo é a pessoa física ou jurídica que faz uma contribuição para a atividade empresária com recursos próprios e/ou de terceiros, em sociedades que se enquadram como *startups* (definição que veremos a seguir). Frise-se que a principal peculiaridade desse investidor se dá pelo fato de que o valor aplicado não integra o capital social da *startup*, ou seja, o investidor não faz parte de seu quadro societário, ao menos em um momento inicial. Assim, ele não apresenta direito de gerência ou voto em assembleia e não é responsabilizado por qualquer dívida da empresa, inclusive em recuperação judicial, não se aplicando, também, as regras do art. 50 do Código Civil – parte esta a mais preocupante.

> Art. 50. Em caso de abuso da personalidade jurídica, caracterizado pelo desvio de finalidade ou pela confusão patrimonial, pode o juiz, a requerimento da parte, ou do Ministério Público quando lhe couber intervir no processo, desconsiderá-la para que os efeitos de certas e determinadas relações de obrigações sejam estendidos aos bens particulares de administradores ou de sócios da pessoa jurídica beneficiados direta ou indiretamente pelo abuso. (Redação dada pela Medida Provisória nº 881, de 2019). (Brasil, 2002)

Aqui, faz-se necessária uma reflexão a respeito desse artigo sobre a responsabilidade civil, trabalhista, tributária e penal do investidor-anjo: a lei não o atinge sob qualquer responsabilidade, o que cria uma blindagem do ponto de vista técnico-jurídico. Há, ainda, uma segunda vantagem na utilização do mútuo: o investidor será um credor da sociedade e, no caso de falência da empresa investida, terá uma posição privilegiada na ordem de recebimento dos bens da liquidação (se houver) perante os sócios da empresa.

Como vimos, além do marco legal do investidor-anjo, a recente LC 182/2021 também estabelece o marco legal das *startups* (palavra de origem inglesa que significa "começar"), estipulando que "São enquadradas como startups as organizações empresariais ou societárias, nascentes ou em operação recente, cuja atuação caracteriza-se pela inovação aplicada a modelo de negócios ou a produtos ou serviços ofertados" (Brasil, 2021b, art. 4º) e reconhecendo como *startup* "o empresário individual, a empresa individual de responsabilidade limitada, as sociedades empresárias, as sociedades cooperativas e as sociedades simples" (Brasil, 2021b, art. 4º, § 1º).

As *startups* caracterizam-se também pela receita bruta de até R$ 16 milhões obtidos no ano anterior ou, ainda, pela receita bruta de R$ 1.333.334,00 (um milhão trezentos e trinta e três mil trezentos e trinta e quatro reais) multiplicada pelo tempo em meses de atividade do ano anterior.

Na análise de Tomás Neiva (2021, p. 35), esse enquadramento

> é a definição de startups *nele constante, que alia critérios objetivos e mensuráveis – como receita bruta máxima e tempo máximo de inscrição no CNPJ – à flexibilidade de que o próprio empresário declare o caráter inovador do seu negócio. Uma definição que, curiosamente, foi pouco utilizada pelo próprio MLS. Mas está aí, à disposição de legisladores e órgãos reguladores, para futuras iniciativas que busquem incentivar o ecossistema inovador no país.*

Nesse sentido, este será o desafio dos próximos anos: regular a atividade empresária brasileira, incentivando a inovação tecnológica, mas observando os limites legais das relações de trabalho e tributárias, sob pena de se criar um cenário de fraudes.

Exemplo prático

O Código Civil brasileiro, em seu art. 966, parágrafo único, prevê a definição legal de *empresário*, além de alertar quanto à exceção à regra.

Imaginemos um escritório de contabilidade. Na condição de profissional intelectual, o contador se torna empresário quando estrutura sua atividade como empresa, ou seja, ele preenche os requisitos e finalidades de uma atividade empresária: a organização, a habitualidade e o lucro da produção ou da circulação de seus bens ou serviço, garantindo, assim, a proteção de seu patrimônio.

Síntese

Neste capítulo, versamos sobre a importância de se definir a figura do empresário e de seus representantes, na condição de pessoa física ou jurídica, para que se possa avaliar o poder de atuação de cada um. Demonstramos também que outro aspecto fundamental é a identificação dos requisitos básicos de atividade de uma sociedade empresarial, ou seja, sua organização, sua habitualidade e seu lucro, enfatizando a importância de acompanhar toda a mudança da legislação sobre o tema.

Questões para revisão

1) Quais são os principais requisitos de uma atividade empresarial? Justifique sua resposta.

2) De acordo com a legislação atual, qual é o papel do contabilista em uma sociedade empresarial?

3) Qual é seu entendimento sobre o Decreto n. 7.979/2013, que dispõe sobre o Sistema Público de Escrituração Digital (Sped)?

4) (Cetro – 2006 – Defensoria Pública do Estado da Bahia) O conceito de empresa, em seu perfil funcional, é o de:
   a. estabelecimento comercial.
   b. empresário individual ou sociedade empresária.
   c. atividade econômica organizada explorada com profissionalismo pelo empresário para produção ou circulação de bens ou serviços.
   d. complexo de bens organizados pelo empresário para a exploração de sua atividade econômica organizada.
   e. instituição em que empresário e empregados se reúnem com propósitos comuns.

5) (Cespe – 2007 – OAB) No referente ao direito de empresa, assinale a opção correta:
   a. Um magistrado não pode ser sócio de sociedades simples ou empresárias.
   b. O empresário casado, qualquer que seja o regime de bens, não poderá, sem outorga conjugal, alienar os imóveis que integram o patrimônio da empresa ou gravá-los de ônus real.

c. O crédito pessoal de qualquer espécie tem preferência sobre o crédito real.

d. Aquele que exerce profissão intelectual de natureza científica, mediante organização e investimento de capital visando auferir lucro, com o concurso de colaboradores ou auxiliares, é considerado empresário.

Questões para reflexão

1) O fenômeno jurídico denominado *desconsideração da pessoa jurídica das sociedades empresariais* tem sido alvo de ações judiciais para descaracterizar o modelo de sociedade empresarial. Tendo isso em vista, explique essa transformação e quais são as consequências desse fenômeno.

2) Qual é o papel do contabilista como figura interveniente na relação empresarial segundo o Código Civil brasileiro?

Consultando a legislação

De modo a facilitar a identificação do empresário e sua evolução legislativa ao longo do tempo, tornaram-se necessárias as interpretações de quem é o sujeito "empresário", descritas na CLT, Lei n. 5.452/1943, e no CC, Lei n. 10.406/2002. Arriscamos dizer que, ao fazer a análise interpretativa de dois dispositivos legais – o art. 2º da CLT de 1943 e o art. 966 do CC de 2002 –, conseguimos definir de forma mais adequada a prática empresarial. Assim, recomendamos a leitura dos seguintes documentos legais:

BRASIL. Decreto-Lei n. 5.452, de 1º de maio de 1943. **Diário Oficial da União**, Poder Executivo, Rio de Janeiro, 1943. Disponível em: <http://www.planalto.gov.br/ccivil_03/decreto-lei/Del5452.htm>. Acesso em: 2 abr. 2018.

BRASIL. Lei n. 10.406, de 10 de janeiro de 2002. **Diário Oficial da União**, Poder Legislativo, Brasília, DF, 11 jan. 2002. Disponível em: <http://www.planalto.gov.br/ccivil_03/LEIS/2002/L10406.htm>. Acesso em: 2 abr. 2018.

BRASIL. Lei n. 13.874, de 20 de setembro de 2019. **Diário Oficial da União**, Poder Executivo, Brasília, DF, 20 set. 2019. Disponível em: <http://www.planalto.gov.br/ccivil_03/_ato2019-2022/2019/lei/L13874.htm>. Acesso em: 28 jun. 2022.

BRASIL. Lei n. 14.112, de 24 de dezembro de 2020. **Diário Oficial da União**, Poder Legislativo, Brasília, DF, 24 dez. 2020. Disponível em: <http://www.planalto.gov.br/ccivil_03/_ato2019-2022/2020/lei/L14112.htm#:~:text=LEI%20N%C2%BA%2014.112%2C%20DE%2024%20DE%20DEZEMBRO%20DE%202020&text=Altera%20as%20Leis%20n%20os,empres%C3%A1rio%20e%20da%20sociedade%20empres%C3%A1ria.>. Acesso em: 28 jun. 2022.

BRASIL. Lei Complementar n. 155, de 27 de outubro de 2016. **Diário Oficial da União**, Poder Legislativo, Brasília, DF, 28 out. 2016. Disponível em: <http://www.planalto.gov.br/ccivil_03/leis/LCP/Lcp155.htm>. Acesso em: 3 abr. 2018.

BRASIL. Lei Complementar n. 182, de 1º de junho de 2021. **Diário Oficial da União**, Poder Executivo, Brasília, DF, 2 jun. 2021. Disponível em: <http://www.planalto.gov.br/ccivil_03/leis/lcp/Lcp182.htm>. Acesso em: 29 jun. 2022.

III

Noções elementares da teoria geral dos contratos em uma sociedade empresarial

Conteúdos do capítulo:

» Contrato social.
» Direitos e obrigações dos sócios.
» Exclusão dos sócios.
» Estabelecimento comercial (bens corpóreos e incorpóreos).

Todo e qualquer **contrato** se origina de três requisitos básicos: (1) legitimidade das partes; (2) objeto lícito; e (3) manifestação de vontade.

Nessa linha de raciocínio, é possível afirmar que os **contratos sociais** se originam de uma atividade empresarial que tem sua natureza jurídica pautada nesses requisitos. Neste capítulo, detalharemos as noções elementares da teoria geral dos contratos, relacionando a temática à sociedade empresarial.

3.1 Características para a existência do contrato social

De acordo com o art. 997 do Código Civil (CC) brasileiro – Lei n. 10.406, de 10 de janeiro de 2002 –, existem cláusulas obrigatórias para a formação do contrato social.

> Art. 997. A sociedade constitui-se mediante contrato escrito, particular ou público, que, além de cláusulas estipuladas pelas partes, mencionará:
> I – nome, nacionalidade, estado civil, profissão e residência dos sócios, se pessoas naturais, e a firma ou a denominação, nacionalidade e sede dos sócios, se jurídicas;
> II – denominação, objeto, sede e prazo da sociedade;
> III – capital da sociedade, expresso em moeda corrente, podendo compreender qualquer espécie de bens, suscetíveis de avaliação pecuniária;
> IV – a quota de cada sócio no capital social, e o modo de realizá-la;
> V – as prestações a que se obriga o sócio, cuja contribuição consista em serviços;
> VI – as pessoas naturais incumbidas da administração da sociedade, e seus poderes e atribuições;
> VII – a participação de cada sócio nos lucros e nas perdas;
> VIII – se os sócios respondem, ou não, subsidiariamente, pelas obrigações sociais.
> Parágrafo único. É ineficaz em relação a terceiros qualquer pacto separado, contrário ao disposto no instrumento do contrato. (Brasil, 2002)

Podemos perceber que o dispositivo legal citado é detalhista nos aspectos formais para a elaboração do contrato social, ou seja, o instrumento contratual deve conter o objeto da sociedade, a formação do capital social, além das respectivas cotas de cada sócio, de seus direitos e deveres etc.

Merecem atenção algumas características essenciais para a existência do contrato social, como:

» **Pacto separado** (acordo feito fora do contrato social) – Popularmente conhecido como *contrato de gaveta*, essa modalidade de contrato é válida apenas entre os sócios. Não apresenta eficácia perante terceiros justamente pela ausência de publicidade, conforme o art. 997, parágrafo único, do CC.

» **Inscrição e registro civil da sociedade empresarial simples** – A inscrição do registro civil das pessoas jurídicas deve ser feita no prazo de 30 dias, contados a partir da celebração do contrato. Assim, prescreve o art. 998 do CC: "Nos trinta dias subsequentes à sua constituição, a sociedade deverá requerer a inscrição do contrato social no Registro Civil das Pessoas Jurídicas do local de sua sede" (Brasil, 2002).

» **Alterações contratuais** – Toda e qualquer modificação do contrato social deve ser averbada no registro. O art. 999 do CC prevê tal situação:

> Art. 999. As modificações do contrato social, que tenham por objeto matéria indicada no art. 997, dependem do consentimento de todos os sócios; as demais podem ser decididas por maioria absoluta de votos, se o contrato não determinar a necessidade de deliberação unânime.
> Parágrafo único. Qualquer modificação do contrato social será averbada, cumprindo-se as formalidades previstas no artigo antecedente. (Brasil, 2002)

É de extrema importância destacarmos que, ainda que a sociedade simples adote outras formas de modalidades societárias previstas no CC, como a sociedade limitada, o registro deve ser feito no Cartório de Registro Civil de Pessoas Jurídicas.

Na Figura 3.1, a seguir, Elisabete Vido (2012) ilustra de forma didática a aplicação do registro empresarial.

Figura 3.1 – Como criar uma sociedade empresarial denominada Super Simples

| Sociedade simples | → | Registro | → | Cart. Reg. Civil de PJ |

Fonte: Vido, 2012, p. 165.

3.2 Direitos e obrigações dos sócios

Os sócios de uma atividade empresária são sujeitos intervenientes de uma relação jurídica e empresarial. Essa relação se estabelece por meio de instrumentos contratuais de seus direitos e suas obrigações. Trata-se de conceitos imprescindíveis, pois, ao compreendê-los, é possível identificar onde um começa e onde outro termina. Dessa maneira, observados os conteúdos da lei, forma-se uma empresa organizada, que sequencialmente proporciona lucro aos componentes.

Direitos dos sócios

Sobre os direitos dos sócios, abordaremos as diversas situações expostas no CC a partir do seu art. 1.001. Trata-se não apenas de uma linguagem técnica sobre o assunto, mas também de situações práticas do dia a dia do empresário, para as quais a prerrogativa de seus direitos e deveres é essencial à manutenção ou não de uma sociedade empresarial.

O **direito cartesiano dos sócios**, segundo Fábio Ulhoa Coelho (2014, p. 173), pode ser dividido em quatro segmentos:

1. **Participação nos resultados sociais** – Representa os lucros gerados pela sociedade que serão destinados à capitalização, à constituição de reserva ou à distribuição entre os sócios.
2. **Administração da sociedade** – Refere-se à efetiva participação do sócio, proporcional a sua cota de participação. Tal prerrogativa abrange desde a escolha do administrador até a política de estratégia para aferição de lucro.
3. **Fiscalização da administração** – É prerrogativa dos sócios fiscalizarem o bom andamento da sociedade, ou seja, a prestação de contas dos administradores, o preenchimento dos livros etc.
4. **Direito de retirada** – Pode o sócio retirar-se da sociedade, de forma total ou parcial, mediante aviso-prévio, previsto pelo dispositivo do CC:

> Art. 1.029. Além dos casos previstos na lei ou no contrato, qualquer sócio pode retirar-se da sociedade; se de prazo indeterminado, mediante notificação aos demais sócios, com antecedência mínima de sessenta dias; se de prazo determinado, provando judicialmente justa causa.
> Parágrafo único. Nos trinta dias subsequentes à notificação, podem os demais sócios optar pela dissolução da sociedade. (Brasil, 2002)

Os lucros obtidos na sociedade, chamados na doutrina de ***lucros sociais***, devem ser retribuídos, mesmo em situação de falência. No entanto, **não devem ser confundidos com pró-labore** – que ocorre quando cada sócio participa diretamente da sociedade, dedicando-se ao desenvolvimento da empresa como administrador ou desempenhando uma função.

Em resumo, com o lucro se remunera o capital investido, sendo devido mesmo que o sócio não compareça à sede da empresa; já com o pró-labore a empresa remunera o sócio pelo trabalho despendido.

Obrigações dos sócios

Decisões recentes dos tribunais superiores têm dado atenção a fatos concretos, que consolidam a responsabilidade dos sócios no tocante a suas obrigações.

Há duas hipóteses práticas de responsabilização dos sócios que acarretam sua **exclusão** da sociedade empresarial:

1. **Mora na integralização** – É quando o sócio deixa de cumprir nos prazos a obrigação de integralizar a cota por ele subscrita. Nesse caso, obedece ao que dispõe o art. 1.004, parágrafo único, do CC: "Verificada a mora, poderá a maioria dos demais sócios preferir, à indenização, a exclusão do sócio remisso, ou reduzir-lhe a quota ao montante já realizado, aplicando-se, em ambos os casos, o disposto no § 1º do art. 1.031" (Brasil, 2002). Em tal situação, cabe aos demais sócios optar pela exclusão do quadro associativo daquele que provocou a mora.

2. **Justa causa** – Existem casos em que a maioria da sociedade empresária pode decidir pela exclusão de um sócio; isso quando há um fato gravoso capaz de comprometer o bom andamento da empresa. Nessa circunstância, cabe à maioria decidir sobre o destino desse sócio, apontando suas responsabilidades civil, administrativa e penal sobre o fato que culminou em um ato ilícito. É importante observar que tal medida deve ter previsão no contrato social como justa causa. Observe o que diz o Diploma Civil sobre o assunto:

> Art. 1.085. Ressalvado o disposto no art. 1.030, quando a maioria dos sócios, representativa de mais da metade do capital social, entender que um ou mais sócios estão pondo em risco a continuidade da empresa, em virtude de atos de inegável gravidade, poderá excluí-los da sociedade, mediante alteração do contrato social, desde que prevista neste a exclusão por justa causa.
> Parágrafo único. A exclusão somente poderá ser determinada em reunião ou assembleia especialmente convocada para esse fim, ciente o acusado em tempo hábil para permitir seu comparecimento e o exercício do direito de defesa.
> (Brasil, 2002)

No entanto, observamos que o que está registrado na letra da lei não necessariamente se confirma na prática, uma vez que as decisões e deliberações extrajudiciais nem sempre são aceitas em sua plenitude. Nesse sentido, você pode questionar: **Será que as juntas comerciais permitirão que esses expedientes extrajudiciais sejam incorporados a seu dia a dia?** Aliás, esse é um questionamento que também deve ser feito ao Departamento Nacional de Registro do Comércio (DNRC).

Outro elemento complicador acerca da expulsão extrajudicial do sócio está no que o legislador menciona no *caput* do art. 1.085 do CC: "desde que prevista neste a exclusão por justa causa". O legislador não especifica as hipóteses previstas para que um sócio seja retirado da sociedade por justa causa. De fato, esse dispositivo legal deveria ser regulamentado, sob pena de ser considerado letra morta.

3.3 Estabelecimento comercial (bens corpóreos e incorpóreos)

O **estabelecimento comercial** é a atmosfera do negócio. É o espaço físico ou abstrato (agora presente nos negócios virtuais) no qual a prática empresária se organiza. Esse espaço permite visualizar a organização, a habitualidade e o lucro do negócio. A doutrina moderna examina detalhadamente a classificação de *estabelecimento comercial*, como mostraremos na sequência.

Natureza jurídica

Pelo CC, a organização dos bens para fins da atividade empresarial define o estabelecimento:

> Art. 1.142. Considera-se estabelecimento todo complexo de bens organizado, para exercício da empresa, por empresário, ou por sociedade empresária" (Brasil, 2002)

A expressão *complexo de bens organizado* compreende a estrutura logística de bens denominados *materiais e imateriais*. Oscar Barreto Filho (1988) considera que os **bens materiais** são aqueles que preenchem os espaços físicos de uma empresa, como cadeiras, mesas, balcão, computadores etc. Já os **bens imateriais** pertencem aos bens intangíveis da empresa, ou seja, dizem respeito à marca, à patente e ao nome empresarial. Tudo isso faz parte do efetivo exercício da atividade empresarial.

Marlon Tomazette (2001, p. 99) considera que o estabelecimento é uma universalidade de fatos, reforçando o que diz o art. 90 do CC: "Constitui universalidade de fato a pluralidade de bens singulares que, pertinentes à mesma pessoa, tenham destinação unitária. Parágrafo único. Os bens que formam essa universalidade podem ser objeto de relações jurídicas próprias".

A universalidade, de fato, representa a natureza jurídica do estabelecimento comercial, denominada *fundo de comércio* por alguns autores, o que significa a reunião de bens isolados e que podem, inclusive, ser negociados isoladamente.

Aviamento

O aviamento diz respeito aos resultados da organização do estabelecimento, ou seja, à geração de lucro. Ele representa fatores, muitas vezes subjetivos, que permitem ao empreendedor obter números satisfatórios do seu empreendedorismo: grande clientela em razão do bom atendimento, forma adequada de tratar funcionários etc.

Assim, o aviamento não representa um elemento do estabelecimento, mas um atributo, no qual o conjunto é avaliado.

Clientela

Assim como o aviamento, a clientela é um atributo do estabelecimento, e não um elemento deste. Representa uma espécie de fidelização, na qual os clientes do estabelecimento, de forma habitual, frequentam e consomem os produtos e os serviços oferecidos pelo empresário.

> Clientela é diferente de freguesia, pois esta última representa uma relação com o estabelecimento apenas em razão da localização do ponto comercial. Já a clientela representa um dos elementos de valorização do aviamento.

Inclusive, o art. 1.147 do CC protege indiretamente a clientela:

> Art. 1.147. Não havendo autorização expressa, o alienante do estabelecimento **não pode fazer concorrência ao adquirente**, nos cinco anos subsequentes à transferência. Parágrafo único. No caso de arrendamento ou usufruto do estabelecimento, a proibição prevista neste artigo persistirá durante o prazo do contrato. (Brasil, 2002, grifo nosso)

Trespasse

O trespasse representa a alienação do estabelecimento. Essa transação advém de um contrato de alienação para que represente uma medida eficaz e legal, são essenciais os seguintes requisitos:

» averbação da alienação na Junta Comercial;
» publicação no Diário Oficial do Estado (DOE);
» concordância – por escrito ou tácita – dos credores, se os bens do alienante não forem suficientes para saldar as dívidas deixadas no estabelecimento ou se estas não forem pagas de forma adiantada.

Na prática, o Superior Tribunal de Justiça (STJ), na Súmula 451, considera legal a penhora do estabelecimento caso haja descumprimento do trespasse: "É legítima a penhora da sede do estabelecimento comercial" (STJ, 2010).

Shopping center

Fenômeno cada vez mais presente na categoria de estabelecimentos atuais, no *shopping center* normalmente ocorre a locação de espaços autônomos do seu interior, organizado em atividades econômicas variadas.

Quando esse tipo de estabelecimento é locado, há uma peculiaridade no contrato: o valor da locação se dá por um preço fixo ou variável (dependendo do faturamento). O STJ já decidiu que esse contrato é atípico, afinal seu propósito principal é a "relação associativa entre empreendedor e lojistas, que põem em prática um plano estratégico que mistura produtos e serviços, com vista a um fim comum: rentabilidade pela venda de mercadorias, da qual participam ambos" (STJ, 2000).

Se fizermos uma pesquisa doutrinária, observaremos discordância com relação à decisão do STJ, que considera que o contrato de *shopping center* pode ser tratado pela Lei n. 8.245, de 18 de outubro de 1991. Também conhecida como *Lei de Locações* (Brasil, 1991b), "dispõe sobre as locações dos imóveis urbanos e os procedimentos a elas pertinentes":

> Art. 54. Nas relações entre lojistas e empreendedores de *shopping center*, prevalecerão as condições livremente pactuadas nos contratos de locação respectivos e as disposições procedimentais previstas nesta lei.
> 1º O empreendedor não poderá cobrar do locatário em *shopping center*:
> a) as despesas referidas nas alíneas a, b e d do parágrafo único do art. 22; e
> b) as despesas com obras ou substituições de equipamentos, que impliquem modificar o projeto ou o memorial descritivo da data do habite-se e obras de paisagismo nas partes de uso comum.
> 2º As despesas cobradas do locatário devem ser previstas em orçamento, salvo casos de urgência ou força maior, devidamente demonstradas, podendo o locatário, a cada sessenta dias, por si ou entidade de classe exigir a comprovação das mesmas.
> Art. 54-A. Na locação não residencial de imóvel urbano na qual o locador procede à prévia aquisição, construção ou substancial reforma, por si mesmo ou por terceiros, do imóvel então especificado pelo pretendente à locação, a fim de que seja a este locado por prazo determinado, prevalecerão as condições livremente pactuadas no contrato respectivo e as disposições procedimentais previstas nesta Lei. (Incluído pela Lei n. 12.744, de 2012)
> § 1º Poderá ser convencionada a renúncia ao direito de revisão do valor dos aluguéis durante o prazo de vigência do contrato de locação. (Incluído pela Lei n. 12.744, de 2012)

> § 2º Em caso de denúncia antecipada do vínculo locatício pelo locatário, compromete-se este a cumprir a multa convencionada, que não excederá, porém, a soma dos valores dos aluguéis a receber até o termo final da locação. (Incluído pela Lei n. 12.744, de 2012). (Brasil, 1991b)

O que nos interessa de fato é que essa modalidade contratual aceita a interposição de ação renovatória por parte do locatário, ou seja, é um instrumento processual necessário para assegurar direitos de locação, em que os empreendedores de *shopping center* não podem repassar, por exemplo, as despesas (art. 54 da Lei de Locações) apresentadas a seguir:

» obras de reforma ou acréscimos que interessem à estrutura integral do imóvel;
» pinturas de fachada, esquadrias externas, poços de aeração e iluminação;
» indenizações trabalhistas e previdenciárias pela dispensa de empregados anteriores ao início da locação;
» obras ou substituições de equipamentos que impliquem modificação do projeto original;
» obras de paisagismo.

Pelas mudanças graduais ao longo do tempo, é possível perceber que a figura empresarial dos *shopping centers* está mudando a concepção clássica de estabelecimento comercial. Tanto é verdade que a legislação e a jurisprudência em vigor estão caminhando para a responsabilidade solidária dos sujeitos existentes nessa relação jurídica: o locatário do estabelecimento do *shopping* e seu proprietário.

3.4 A responsabilidade dos sócios e a Lei n. 13.467/2017 (Reforma Trabalhista)

Sobre a responsabilidade dos sócios e a chamada *reforma trabalhista*, cabe destacar mudanças substanciais, a começar pelo art. 2º da CLT (Brasil, 2017b):

> Art. 2º [...]
> [...]
> § 3º Não caracteriza grupo econômico a mera identidade de sócios, sendo necessárias, para a configuração do grupo, a demonstração do interesse integrado, a efetiva comunhão de interesses e a atuação conjunta das empresas dele integrantes.

De tal modo, a mera identidade dos sócios, ainda que minoritários, sempre foi na Justiça do Trabalho motivo suficiente para declarar que esses sócios pertenciam ao mesmo grupo econômico. Entretanto, o novo dispositivo busca limitar a formação de grupos, ou seja, pelo novo texto, não basta comprovar a identidade dos sócios, sendo necessárias a união de interesses e a atuação conjunta. Tal prova deve ser feita pelo empregado/trabalhador.

Importante destacar que, embora a nova lei trabalhista nada mencione, a Súmula n. 129 do Tribunal Superior do Trabalho (TST, 2003) estabelece que a "prestação de serviços a mais de uma empresa do mesmo grupo econômico, durante a mesma jornada de trabalho, não caracteriza a coexistência de mais de um contrato de trabalho, salvo ajuste em contrário". Desse modo, afasta-se o risco de reconhecimento de vínculo empregatício com cada uma das empresas e condenação em verbas decorrentes de cada contrato de trabalho.

> Exemplo prático
>
> Comentamos sobre a peculiaridade de um contrato entre lojista e *shopping center* – um contrato que reflete associação de capitais explorados por seus sócios mediante uma locação comercial. No entanto, um tema bastante discutido judicialmente é o da responsabilidade do *shopping* pelos veículos estacionados em seu pátio. Sobre esse assunto, já decidiu a Súmula n. 130 do STJ (1995): "A empresa responde, perante o cliente, pela reparação do dano ou furto de veículos estacionados em seu estacionamento". No caso em questão, a aplicação do Código de Defesa do Consumidor (CDC) é imediata, ainda que o estacionamento não seja remunerado.

Síntese

Neste capítulo, explicamos que o contrato social representa o instrumento de declaração do objeto da sociedade, a formação do capital social, com as respectivas cotas de cada sócio, bem como seus direitos e suas obrigações.

Outro aspecto relevante que analisamos foi a definição de estabelecimentos comerciais e suas principais características. No art. 1.142 do CC de 2002, é possível observar a definição legal de *estabelecimento*: um conjunto de bens organizados pelo empresário para o exercício da empresa.

Por fim, analisamos os efeitos da Lei n. 13.467/2017 (Reforma Trabalhista), em especial a responsabilidade dos sócios e de seus administradores. Segundo essa lei, a responsabilidade do sócio pelas dívidas trabalhistas da empresa, na qual tenha integralizado sua parte das quotas, só pode ocorrer a requerimento da parte autora, e não mais de ofício pelo juiz, quando demonstrada a fraude na constituição ou desfazimento da sociedade e comprovada a insuficiência do patrimônio social para incorporação das respectivas dívidas.

Questões para revisão

1) (Cespe – 2008 – OAB) No Brasil, o estabelecimento empresarial regulado pelo Código Civil é tratado como:
   a. pessoa jurídica.
   b. patrimônio de afetação ou separado.
   a. sociedade não personificada.
   b. universalidade.

2) (FGV – 2010) Com relação ao estabelecimento empresarial, assinale a alternativa **incorreta**:
   a. É o complexo de bens organizado para o exercício da empresa, por empresário ou por sociedade empresária.
   b. Refere-se tão somente à sede física da sociedade empresária.
   c. Desponta a noção de aviamento.
   d. Inclui, também, bens incorpóreos, imateriais e intangíveis.
   e. É integrado pela propriedade intelectual.

3) (PUCPR – 2014 – TJPR Juiz Substituto) Considerando os perfis da empresa de Asquini, introduzidos no Código Civil italiano de 1942, é **incorreto** afirmar que:
   a. o perfil objetivo se liga à aglutinação de bens necessários ao exercício da atividade empresarial.
   b. o caráter subjetivo da empresa diz respeito à figura dos sócios, os quais exercem efetivamente a atividade empresarial.
   c. a organização dos fatores de produção, ligada à atividade empresarial, dá-nos o perfil funcional da empresa.
   d. o perfil corporativo se relaciona com o patrimônio da empresa e com a contribuição dos sócios ou acionistas.

4) Quais são os requisitos para o trespasse, previsto no art. 1.143 do Código Civil?

5) O que é a figura jurídica da clientela de um estabelecimento?

Questões para reflexão

1) O estabelecimento virtual tem sido utilizado de forma cada vez mais intensa no universo empresarial. Como se dá esse fenômeno?

2) Neste capítulo, verificamos que o contrato social representa o ato solene de compromisso entre os sócios, estabelecendo seus direitos e seus deveres. Diante dessa situação, o que vem a ser *sócio remisso*?

Consultando a legislação

Para padronizar o rol de direitos e deveres dos sócios e sua concreta atuação na elaboração do contrato social em uma sociedade empresária, recomendamos consultar o Código Civil (CC) brasileiro e a chamada *Lei do Inquilinato*. Esta última dispõe sobre a concepção de estabelecimentos comerciais, em especial o *shopping center*. Com base nessa análise legislativa, é possível definir esse espaço moderno e suas características. Você pode ler a respeito desse assunto em:

BRASIL. Lei n. 8.245, de 18 de outubro de 1991. **Diário Oficial da União**, Poder Executivo, Brasília, DF, 21 out. 1991. Disponível em: <http://www.planalto.gov.br/ccivil_03/leis/l8245.htm>. Acesso em: 3 abr. 2018.

BRASIL. Lei n. 10.406, de 10 de janeiro de 2002. **Diário Oficial da União**, Poder Legislativo, Brasília, DF, 11 jan. 2002. Disponível em: <http://www.planalto.gov.br/ccivil_03/LEIS/2002/L10406.htm>. Acesso em: 2 abr. 2018.

BRASIL. Lei n. 13.467, de 13 de julho de 2017. **Diário Oficial da União**, Poder Legislativo, Brasília, DF, 14 jul. 2017. Disponível em: <http://www.planalto.gov.br/ccivil_03/_ato2015-2018/2017/lei/L13467.htm>. Acesso em: 30 jun. 2022.

Recomendamos, além da legislação disponível no portal do Superior Tribunal de Justiça (STJ), o acompanhamento do Informativo de Jurisprudência:

STJ – Superior Tribunal de Justiça. **Informativo de Jurisprudência**, Brasília, 2017. Disponível em: <https://ww2.stj.jus.br/jurisprudencia/externo/informativo/?acao=pesquisar&livre=furto+e+estacionamento+e+responsabilidade&b=INFJ&thesaurus=JURIDICO>. Acesso em: 4 abr. 2018.

TST – Tribunal Superior do Trabalho. Súmula n. 129. **Diário da Justiça**, 19, 20 e 21 nov. 2003. Disponível em: <https://www3.tst.jus.br/jurisprudencia/Sumulas_com_indice/Sumulas_Ind_101_150.html#SUM-129>. Acesso em: 30 jun. 2022.

IV

Conceito jurídico de sociedade anônima

Conteúdos do capítulo:

» Conceito jurídico de sociedade anônima.
» Assembleia.
» Conceito de acionista.
» Capital social.
» Administração.
» Dívidas societárias.
» Conceito jurídico de sociedades estrangeiras, associações, fundações e cooperativas.

Neste capítulo, analisaremos a composição da sociedade anônima (S.A.), desde sua natureza jurídica até seus atos de gestão. Dedicamos uma seção a outras formas de sociedade civil, que utilizam a estrutura da sociedade anônima como modelo para a prática de seus atos de negócio.

4.1 Natureza jurídica

As sociedades anônimas representam, hoje, 90% das organizações empresárias. O sucesso em questão se deve, na análise de Fábio Ulhoa Coelho (2014, p. 184), "a dois fatores: a limitação da responsabilidade dos sócios e a contratualidade".

Sobre a **responsabilidade dos sócios**, é possível limitar as perdas no caso de insucesso da empresa. Com relação à **contratualidade**, torna-se possível maior negociação entre os sócios, tendo em vista que o fator contratual contribui em larga escala para a manifestação de vontade – característica essencial no contrato.

A sociedade limitada está prevista no Código Civil (CC) – Lei n. 10.406, de 10 de janeiro de 2002 –, nos arts. 1.052 a 1.087 (Brasil, 2002). Para tanto, cabe apontar como regra básica a existência de um contrato social que justifique esse tipo societário.

O art. 1.052 do CC é fundamental para a compreensão de alguns conceitos dessa modalidade empresarial: "Na sociedade limitada, a responsabilidade de cada sócio é restrita ao valor de suas quotas, mas todos respondem solidariamente pela integralização do capital social" (Brasil, 2002).

Na prática, os sócios estimam o capital necessário para a realização desse empreendimento – daí surge o que se chama **capital subscrito**. A parte prometida a cada um dos sócios é denominada **cota subscrita**. Por sua vez, o **capital integralizado** representa aquilo que foi entregue pelos sócios (dinheiro, bens, crédito).

Quando nos referimos à sociedade limitada, não podemos deixar de mencionar a criação da empresa individual de responsabilidade limitada (Eireli), pela Lei n. 12.441, de 11 de julho de 2011 (Brasil, 2011). No entanto, em 2019, ela foi substituída pela Sociedade Limitada Unipessoal (SLU), por meio da Lei n. 13.874, de 20 de setembro de 2019 (Brasil, 2019). Além disso, ainda estabeleceu-se a Lei n. 14.195, de 26 de agosto de 2021 (Brasil, 2021a), denominada *Lei da Liberdade Econômica*, que trata da facilitação para abertura de empresas, com o objetivo de buscar a modernização do ambiente de negócios no país.

Assim, uma pessoa pode ser proprietária de uma empresa sem a necessidade de sócios. Com base na natureza jurídica, tornou-se possível um único empresário investir seu patrimônio em uma empresa, com o detalhe de não ser necessário um alto investimento. Nesse modelo jurídico, o investidor não tem a exigência de um capital mínimo (como se exigia na Eireli – 100 salários-mínimos) e não precisa se associar a outros empresários, necessita apenas de Cadastro Nacional de Pessoa Jurídica (CNPJ).

Importante destacar que o modelo jurídico de SLU separa o patrimônio pessoal do empreendedor do patrimônio da empresa.

Exemplo prático

A recente modalidade SLU apresente algumas vantagens em relação à Eireli, a saber:
- » não há restrições para contratar funcionários;
- » não há limitações tributárias;
- » o empreendedor pode ter outra empresa aberta em paralelo com a SLU;
- » não existe limite de faturamento.

No entanto, só o tempo dirá se a SLU não será uma espécie de blindagem para desvio de finalidade da atividade empresária ou para fraudes de natureza tributária, civil e trabalhista. Fica aqui uma reflexão crítica sobre o assunto.

4.2 Características do contrato social

Quando os sócios resolvem formalizar uma sociedade limitada, a primeira providência é a **formalização do contrato social**, por meio do qual se tem a instrumentalização de como essa sociedade funcionará.

O capital social representa o patrimônio inicial da sociedade empresária. É quando os sócios integralizam, com seu patrimônio, cotas para participar do lucro da sociedade. Esse capital social pode ser reduzido ou aumentado – momento em que ocorre o fenômeno da alteração do contrato social.

Dessa forma, é possível delimitar a responsabilidade de cada sócio de acordo com suas cotas integralizadas.

Uma medida judicial bastante utilizada é a chamada *desconsideração da pessoa jurídica da sociedade limitada*, que acaba sendo uma exceção à regra. Trata-se de uma situação real na qual o credor detecta fraude do devedor quando este tenta dilapidar seu patrimônio para não honrar sua dívida. Nesse caso, a desconsideração propicia a comunicação dos bens pessoais do sócio e da empresa para o pagamento das dívidas, tendo em vista a tentativa de fraude perpetrada.

Um exemplo desse fenômeno jurídico na sociedade limitada ocorre quando esta encerra suas atividades e transfere seus bens de maneira fraudulenta para sócios ou terceiros, tornando-se inadimplente com suas obrigações. Nesse caso, cabe aos credores comprovar a fraude na administração dos bens da sociedade e pleitear em juízo a **desconsideração da pessoa jurídica da sociedade limitada**, a fim de executar os bens dos sócios.

Conselho fiscal

O conselho fiscal de uma sociedade limitada está previsto no contrato social e tem características fundamentais como qualquer conselho – ou seja, emite pareceres e é deliberativo. Na prática, o conselho fiscal tem caráter facultativo e é adotado em grandes empresas, mas pode existir em qualquer modalidade de sociedade empresarial.

A legislação civil previu dispositivos destinados à finalidade e às características do conselho fiscal:

> Art. 1.069. Além de outras atribuições determinadas na lei ou no contrato social, aos membros do conselho fiscal incumbem, individual ou conjuntamente, os deveres seguintes:
> I – examinar, pelo menos trimestralmente, os livros e papéis da sociedade e o estado da caixa e da carteira, devendo os administradores ou liquidantes prestar-lhes as informações solicitadas;
> II – lavrar no livro de atas e pareceres do conselho fiscal o resultado dos exames referidos no inciso I deste artigo;
> III – exarar no mesmo livro e apresentar à assembleia anual dos sócios parecer sobre os negócios e as operações sociais do exercício em que servirem, tomando por base o balanço patrimonial e o de resultado econômico;
> IV – denunciar os erros, fraudes ou crimes que descobrirem, sugerindo providências úteis à sociedade;
> V – convocar a assembleia dos sócios se a diretoria retardar por mais de trinta dias a sua convocação anual, ou sempre que ocorram motivos graves e urgentes;
> VI – praticar, durante o período da liquidação da sociedade, os atos a que se refere este artigo, tendo em vista as disposições especiais reguladoras da liquidação. (Brasil, 2002)

Os contabilistas devem atentar para um detalhe importante: o conselho fiscal também pode eleger um contabilista habilitado como auxiliar para exame das questões contábeis da empresa – ou seja, de livros, contas e demonstrativos. Isso deve acontecer respeitando-se o que está expresso no art. 1.070, parágrafo único, do CC, no qual se especifica que a remuneração deve ser aprovada pelos sócios em assembleia.

Assembleia

Com relação à natureza jurídica, há uma diferença didática entre reunião e assembleia. A primeira ocorre quando a sociedade tem até dez sócios; a segunda, quando a sociedade tem onze ou mais sócios.

A previsão legal de suas atribuições – reuniões ou assembleias – está elencada a partir da Seção V do CC (Das deliberações dos sócios, arts. 1.071 a 1.080). O texto legal adverte quanto ao cumprimento de algumas formalidades para que as assembleias ou as reuniões ocorram.

A princípio, as convocações devem ocorrer a pedido dos administradores. Porém, se houver inércia destes, qualquer sócio poderá fazê-las ou ainda os sócios titulares de, pelo menos, 20% do capital social.

> Art. 1.073. A reunião ou a assembleia podem também ser convocadas:
> I – por sócio, quando os administradores retardarem a convocação, por mais de sessenta dias, nos casos previstos em lei ou no contrato, ou por titulares de mais de um quinto do capital, quando não atendido, no prazo de oito dias, pedido de convocação fundamentado, com indicação das matérias a serem tratadas;
> II – pelo conselho fiscal, se houver, nos casos a que se refere o inciso V do art. 1.069. (Brasil, 2002)

Requisitos essenciais para o surgimento de uma reunião ou uma assembleia

Preenchida a primeira etapa – referente ao sujeito legal convocar uma assembleia ou uma reunião –, a fase seguinte diz respeito à obediência a algumas solenidades após a convocação:

» Três publicações em jornal de grande circulação e no Diário Oficial.

» A primeira publicação deve respeitar a antecedência mínima de oito dias da data da assembleia para a primeira convocação (CC, art. 1.152, § 3º). Na segunda convocação, caso esta seja necessária, o prazo da primeira publicação será reduzido para cinco dias.

» É necessário quórum de instalação de assembleia de, no mínimo, três quartos do capital social (CC, art. 1.071, V; art. 1.076).

Decisões dos sócios

Na prática, as decisões da sociedade limitada devem ser tomadas mediante a maioria dos votos, mas existem algumas questões que exigem quóruns qualificados.

Tarcisio Teixeira (2014) elaborou um quadro didático sobre a classificação dos quóruns de votação para cada matéria, apontando o artigo respectivo do CC.

Quadro 4.1 – *Classificação dos quóruns de votação de uma sociedade empresária*

Quórum	Matéria	Arts. – Código Civil
Unanimidade	Dissolução da sociedade por prazo determinado	1.033, inciso II
Unanimidade	Nomeação de administrador (quando o capital não estiver integralizado)	1.076, *caput*, CC. 1.061

(continua)

(Quadro 4.1 – conclusão)

Quórum	Matéria	Arts. – Código Civil
Dois terços do capital social	Nomeação de administrador (quando o capital já estiver integralizado)	1.076, *caput*, CC. 1.061
Dois terços do capital social	Destituição de administrador que é sócio	1.076, *caput*, CC. 1.063, parágrafo 1º
Três quartos do capital social	Modificação do contrato social, incorporação, fusão, dissolução ou término da liquidação da sociedade	1.076, I, CC.1071, incisos V e VI
Mais da metade do capital social	Nomeação de administrador (em ato separado); destituição e remuneração de administrador; pedido de recuperação de empresa	1.076, II, CC 1.071, incisos II, III, IV e VIII
Mais da metade do capital social	Exclusão de sócio da sociedade pela prática de ato grave que prejudique a continuidade da empresa	1.085, *caput*
Mais da metade do capital social	Dissolução da sociedade por prazo indeterminado	1.033, inciso III
Maioria dos votos presentes	Outros casos previstos em contrato ou lei, como aprovação de contas do administrador; nomeação e destituição de liquidantes, bem como aprovação de suas contas	1.076, III, CC 1071, incisos I e VII

Fonte: Teixeira, 2014, p. 269.

4.3 Características gerais das sociedades anônimas

As sociedades anônimas se apresentam, basicamente, como um grupo, uma agremiação detalhada de especificações. A doutrina moderna não esgota o assunto, pois não há conceito objetivo de quantas características existem para configurar uma sociedade anônima em sua plenitude. No entanto, para fins didáticos, sem qualquer pretensão de esgotar o tema, elencamos a seguir as principais características mencionadas em diversas obras especializadas na matéria.

» A sociedade empresária está definida no art. 982, parágrafo único, do CC, bem como no art. 2º da Lei n. 6.404, de 15 de dezembro de 1976 (Brasil, 1976).

> Art. 982. Salvo as exceções expressas, considera-se empresária a sociedade que tem por objeto o exercício de atividade própria de empresário sujeito a registro (art. 967); e, simples, as demais.
> Parágrafo único. Independentemente de seu objeto, considera-se empresária a sociedade por ações; e, simples, a cooperativa. (Brasil, 2002)
> Art. 2º Pode ser objeto da companhia qualquer empresa de fim lucrativo, não contrário à lei, à ordem pública e aos bons costumes.
> § 1º Qualquer que seja o objeto, a companhia é mercantil e se rege pelas leis e usos do comércio.
> § 2º O estatuto social definirá o objeto de modo preciso e completo.
> § 3º A companhia pode ter por objeto participar de outras sociedades; ainda que não prevista no estatuto, a participação é facultada como meio de realizar o objeto social, ou para beneficiar-se de incentivos fiscais. (Brasil, 1976)

Essa definição legal nos permite afirmar que uma sociedade anônima não pode ser uma sociedade simples em sua composição.

» O interesse desse tipo de sociedade é o capital. Destacamos que o importante é o investimento dos sócios/acionistas, não sendo possível o controle de entrada de terceiros. Recentemente, o STJ decidiu pela legalidade de dissolução parcial de uma sociedade anônima familiar. Nesse caso, em exceção, explicita-se a conduta jurídica de que o que vale é o capital, a fim de preservar a sociedade e sua utilidade social.

» A sociedade deve ter, no mínimo, a composição de dois acionistas. Cabe exceção apenas para a sociedade denominada *subsidiária integral*, tipo de sociedade anônima em que todo o capital social está centralizado nas mãos de uma pessoa jurídica brasileira, por meio de escritura pública. Está expresso no art. 251 da Lei n. 6.404/1976: "A companhia pode ser constituída, mediante escritura pública, tendo como único acionista sociedade brasileira" (Brasil, 1976).

Um bom exemplo disso é a *holding* – expressão inglesa que significa "sociedade gestora de participações sociais", a qual administra determinado grupo. É uma opção de sociedade muito utilizada por médias e grandes empresas.

Imaginemos o seguinte exemplo: uma rede de supermercado chamada *Baratão* pertence ao comércio varejista e vende desde produtos de limpeza até eletrodomésticos. Para expandir seu negócio, a Baratão faz parceria com outra empresa, denominada *Lave Bem*, que fabrica e comercializa máquinas de lavar. Para transformar essa parceria em *holding*, faz-se necessário o controle acionista da empresa. Para tanto, cria-se a empresa Baratão Lave Bem S.A., sob o controle acionário da Baratão.

» A responsabilidade dos acionistas está limitada de acordo com a integralização subscrita no art. 1º da Lei n. 6.404/1976: "A companhia ou sociedade anônima terá o capital dividido em ações, e a responsabilidade dos sócios ou acionistas será limitada ao preço de emissão das ações subscritas ou adquiridas" (Brasil, 1976).

» Há a possibilidade de participação em outras sociedades. Essa previsão legal está na Lei n. 6.404/1976, como segue:

> Art. 2º Pode ser objeto da companhia qualquer empresa de fim lucrativo, não contrário à lei, à ordem pública e aos bons costumes.
> [...]
> § 3º A companhia pode ter por objeto participar de outras sociedades; ainda que não prevista no estatuto, a participação é facultada como meio de realizar o objeto social, ou para beneficiar-se de incentivos fiscais. (Brasil, 1976)

4.4 Conceito de acionista

O acionista nada mais é que o sócio de uma sociedade anônima ou de uma companhia. A origem do nome está nas ações que os sócios subscrevem, ou seja, com as quais eles contribuem para fazer parte do capital social de uma sociedade anônima. O cotista, por sua vez, tem sua origem nas cotas com as quais participa em uma sociedade limitada.

De acordo com o art. 106 da Lei das Sociedades Anônimas (Lei n. 6.404/1976), o acionista deve pagar a emissão da ação: "O acionista é obrigado a realizar, nas condições previstas no estatuto ou no boletim de subscrição, a prestação correspondente às ações subscritas ou adquiridas" (Brasil, 1976).

A grande diferença entre uma sociedade anônima e uma sociedade limitada é que a primeira restringe a responsabilidade do acionista à integralização da própria ação, ao passo que, na segunda, a responsabilidade do sócio é limitada à integralização da ação que subscreveu e também solidária até o limite que falta integralizar. Já o acionista remisso é aquele que não fez o pagamento das cotas previstas no estatuto, no boletim ou na chamada.

Assim sendo, de acordo com o art. 107 da Lei n. 6.404/1976, a S.A. poderá optar entre acionar o acionista remisso e vender as ações na bolsa de valores:

> Art. 107. Verificada a mora do acionista, a companhia pode, à sua escolha:
> I – promover contra o acionista, e os que com ele forem solidariamente responsáveis (art. 108), processo de execução para cobrar as importâncias devidas, servindo o boletim de subscrição e o aviso de chamada como título extrajudicial nos termos do Código de Processo Civil; ou
> II – mandar vender as ações em bolsa de valores, por conta e risco do acionista. (Brasil, 1976)

4.5 Capital social

O capital social é o investimento inicial para se construir ou formar uma sociedade empresarial, ou seja, representa o recurso necessário para o início da atividade. Quanto ao valor, deve pautar-se por um plano de negócios, elaborado pelos interessados com certa antecedência, a fim de facilitar a organização da atividade empresária.

A Lei n. 6.404/1976 assim define *capital social*:

> Art. 5º O estatuto da companhia fixará o valor do capital social, expresso em moeda nacional.
> Parágrafo único. A expressão monetária do valor do capital social realizado será corrigida anualmente (artigo 167).
> Art. 6º O capital social somente poderá ser modificado com observância dos preceitos desta Lei e do estatuto social (artigos 166 a 174).
> Art. 7º O capital social poderá ser formado com contribuições em dinheiro ou em qualquer espécie de bens suscetíveis de avaliação em dinheiro. (Brasil, 1976)

Pela leitura dos dispositivos legais, é possível afirmar que a principal obrigação dos sócios é colaborar para a formação do capital social, que, por sua vez, é composto pelo total das contribuições que eles se obrigam a transferir para a sociedade, ou seja, suas cotas. O CC assim o define:

> Art. 1.055. O capital social divide-se em quotas, iguais ou desiguais, cabendo uma ou diversas a cada sócio.
> § 1º Pela exata estimação de bens conferidos ao capital social respondem solidariamente todos os sócios, até o prazo de cinco anos da data do registro da sociedade.
> § 2º É vedada contribuição que consista em prestação de serviços. (Brasil, 2002)

Resumindo, a integralização do capital social – ou seja, o patrimônio inicial da sociedade anônima – é o ato no qual os sócios, conforme sua cota-parte, integram o pagamento do valor estabelecido no capital social para a empresa. A quitação do capital social pode ser feita em dinheiro ou por meio de bens móveis ou imóveis passíveis de serem avaliados em dinheiro.

O capital social, que é dividido em ações, pode ser aberto ou fechado; a diferença está em existir ou não autorização para negociar seus títulos no mercado de capitais.

Segundo o art. 3º da Lei n. 6.404/1976, "A sociedade será designada por denominação acompanhada das expressões 'companhia' [Cia.] ou 'sociedade anônima' [S.A.], expressas por extenso ou abreviadamente, mas vedada a utilização da primeira ao final" (Brasil, 1976).

4.6 Administração

Administrar significa dirigir ou organizar a gestão de uma empresa. Por meio desse modelo, é possível a sociedade anônima assumir obrigações e exercer seus direitos.

A administração de uma sociedade anônima também é representada por um **conselho obrigatório**, diferentemente das sociedades limitadas, que apresentam características típicas de um conselho. Em outras palavras, é um órgão deliberativo, independente e consultivo, cujas atribuições estão previstas no art. 142 da Lei n. 6.404/1976 (Brasil, 1976):

> Art. 142. Compete ao conselho de administração:
> I – fixar a orientação geral dos negócios da companhia;
> II – eleger e destituir os diretores da companhia e fixar-lhes as atribuições, observado o que a respeito dispuser o estatuto;
> III – fiscalizar a gestão dos diretores, examinar, a qualquer tempo, os livros e papéis da companhia, solicitar informações sobre contratos celebrados ou em via de celebração, e quaisquer outros atos;
> IV – convocar a assembleia geral quando julgar conveniente, ou no caso do artigo 132;
> V – manifestar-se sobre o relatório da administração e as contas da diretoria;
> VI – manifestar-se previamente sobre atos ou contratos, quando o estatuto assim o exigir;
> VII – deliberar, quando autorizado pelo estatuto, sobre a emissão de ações ou de bônus de subscrição;
> VIII – autorizar, se o estatuto não dispuser em contrário, a alienação de bens do ativo não circulante, a constituição de ônus reais e a prestação de garantias a obrigações de terceiros; (Redação dada pela Lei n. 11.941, de 2009)

> IX – escolher e destituir os auditores independentes, se houver.
>
> § 1º Serão arquivadas no registro do comércio e publicadas as atas das reuniões do conselho de administração que contiverem deliberação destinada a produzir efeitos perante terceiros. (Redação dada pela Lei n. 10.303, de 2001)
>
> § 2º A escolha e a destituição do auditor independente ficará sujeita a veto, devidamente fundamentado, dos conselheiros eleitos na forma do art. 141, § 4º, se houver. (Incluído pela Lei n. 10.303, de 2001)

Em resumo, o conselho de administração é composto de, no mínimo, três conselheiros que necessariamente são pessoas físicas, com mandato nunca superior a três anos, eleitos pela assembleia geral e devendo prestar contas a esta quando necessário. O conselho de administração é um órgão obrigatório nas companhias abertas e nas de capital autorizado e nas sociedades de economia mista – Lei n. 6.404/1976, arts.138 a 142 (Brasil, 1976).

4.7 Dívidas societárias e responsabilidade dos sócios em caso de prejuízos

Os administradores têm como responsabilidade a **diligência**, a **informação** e a **lealdade** em todos os atos referentes à gestão de uma sociedade.

Os arts. 158 e 159 da Lei n. 6.404/1976 enumeram a responsabilidade dos sócios:

Art. 158. O administrador não é pessoalmente responsável pelas obrigações que contrair em nome da sociedade e em virtude de ato regular de gestão; responde, porém, civilmente, pelos prejuízos que causar, quando proceder:

I – dentro de suas atribuições ou poderes, com culpa ou dolo;

II – com violação da lei ou do estatuto.

§ 1º O administrador não é responsável por atos ilícitos de outros administradores, salvo se com eles for conivente, se negligenciar em descobri-los ou se, deles tendo conhecimento, deixar de agir para impedir a sua prática. Exime-se de responsabilidade o administrador dissidente que faça consignar sua divergência em ata de reunião do órgão de administração ou, não sendo possível, dela dê ciência imediata e por escrito ao órgão da administração, no conselho fiscal, se em funcionamento, ou à assembleia geral.

§ 2º Os administradores são solidariamente responsáveis pelos prejuízos causados em virtude do não cumprimento dos deveres impostos por lei para assegurar o funcionamento normal da companhia, ainda que, pelo estatuto, tais deveres não caibam a todos eles.

§ 3º Nas companhias abertas, a responsabilidade de que trata o § 2º ficará restrita, ressalvado o disposto no § 4º, aos administradores que, por disposição do estatuto, tenham atribuição específica de dar cumprimento àqueles deveres.

§ 4º O administrador que, tendo conhecimento do não cumprimento desses deveres por seu predecessor, ou pelo administrador competente nos termos do § 3º, deixar de comunicar o fato à assembleia-geral, tornar-se-á por ele solidariamente responsável.

§ 5º Responderá solidariamente com o administrador quem, com o fim de obter vantagem para si ou para outrem, concorrer para a prática de ato com violação da lei ou do estatuto.

> Art. 159. Compete à companhia, mediante prévia deliberação da assembleia-geral, a ação de responsabilidade civil contra o administrador, pelos prejuízos causados ao seu patrimônio.
> § 1º A deliberação poderá ser tomada em assembleia-geral ordinária e, se prevista na ordem do dia, ou for consequência direta de assunto nela incluído, em assembleia-geral extraordinária.
> § 2º O administrador ou administradores contra os quais deva ser proposta ação ficarão impedidos e deverão ser substituídos na mesma assembleia.
> § 3º Qualquer acionista poderá promover a ação, se não for proposta no prazo de 3 (três) meses da deliberação da assembleia geral.
> § 4º Se a assembleia deliberar não promover a ação, poderá ela (ela poderá) ser proposta por acionistas que representem 5% (cinco por cento), pelo menos, do capital social.
> § 5º Os resultados da ação promovida por acionista deferem-se à companhia, mas esta deverá indenizá-lo, até o limite daqueles resultados, de todas as despesas em que tiver incorrido inclusive correção monetária e juros dos dispêndios realizados.
> § 6º O juiz poderá reconhecer a exclusão da responsabilidade do administrador, se convencido de que este agiu de boa-fé e visando ao interesse da companhia.
> § 7º A ação prevista neste artigo não exclui a que couber ao acionista ou terceiro diretamente prejudicado por ato de administrador. (Brasil, 1976)

Interpretando a letra da lei, o administrador da sociedade anônima faz a prestação de contas pela assembleia geral. Caso haja responsabilidade direta, caberá à assembleia geral ingressar com ação contra ele. Se houver inércia da assembleia em promover a referida ação de reparação de danos no prazo de três meses, qualquer acionista poderá ingressar com a ação.

Outra situação seria a ausência de responsabilidade do administrador. Nesse caso, acionistas com mais de 5% do capital social podem ingressar com ação contra ele, mesmo contrariando a decisão da assembleia.

4.8 Conceito jurídico de sociedades estrangeiras, associações, fundações e cooperativas

Há outros modelos de sociedade civil que se apresentam no formato de uma sociedade anônima, como se assim o fossem. Na sequência, discorreremos sobre cada uma delas, reportando-nos a suas limitações legais, bem como a suas características principais.

4.8.1 Sociedades estrangeiras

O ordenamento jurídico brasileiro determina que as sociedades estrangeiras se enquadrem em sua legislação. Analisemos um exemplo: Uma sociedade estrangeira pode participar de uma sociedade limitada sem a autorização do Poder Executivo? A resposta é "não".

Essa exigência está prevista no *caput* do art. 1.134 do CC, que traz a seguinte redação:

> Art. 1.134. A sociedade estrangeira, qualquer que seja o seu objeto, não pode, sem autorização do Poder Executivo, funcionar no País, ainda que por estabelecimentos subordinados, podendo, todavia, ressalvados os casos expressos em lei, ser acionista de sociedade anônima brasileira. (Brasil, 2002)

Assim, é condição precípua que uma sociedade estrangeira só pode funcionar mediante autorização governamental, uma vez que passa pela ordem da soberania nacional. Atendida tal exigência, cabe a autorização do Poder Executivo, por meio de decreto (CC, art. 1.135, parágrafo único). Estando em pleno funcionamento, a sociedade estrangeira fica submetida às regras da legislação brasileira e deve ter um representante legal para responder pelos seus atos em território nacional (CC, art. 1137 e 1.138, *caput*).

Outro fator importante é o nome empresarial da sociedade estrangeira: é possível manter sua denominação originária (a que utiliza em seu país de origem), porém acrescentando as expressões *do Brasil* ou *para o Brasil*.

> *Qualquer sociedade estrangeira que tenha pretensão de exercer atividade empresarial no Brasil deverá observar a aplicação de todos os princípios voltados à soberania nacional.*

Portanto, toda e qualquer sociedade estrangeira que tenha pretensão de exercer atividade empresarial no Brasil deve observar a aplicação de todos os princípios voltados à soberania nacional. Afinal, só assim pode gozar do pleno exercício de sua atividade.

4.8.2 Associações

As associações, de direito privado, são representadas por pessoas físicas ou jurídicas que se organizam sem fins lucrativos. Tal definição legal se encontra nos arts. 53 e 54 do CC.

Não obstante, há previsão constitucional sobre a existência de associações, como consta na Constituição Federal de 1988, em seu art. 5º, inciso XVII: "é plena a liberdade de associação para fins lícitos, vedada a de caráter paramilitar" (Brasil, 1988).

Regra geral, a associação se pauta pela autonomia, não tem fins lucrativos e seu estatuto é o principal instrumento de organização de suas atuações. Há exceção à regra quando se faz referência a sua personalidade jurídica. Um exemplo seria o desvio de finalidade da associação. Nesse caso, é necessário atenção para a leitura do art. 50 do CC:

> Art. 50. Em caso de abuso da personalidade jurídica, **caracterizado pelo desvio de finalidade, ou pela confusão patrimonial**, pode o juiz decidir, a requerimento da parte, ou do Ministério Público quando lhe couber intervir no processo, que os efeitos de certas e determinadas relações de obrigações sejam estendidos aos bens particulares dos administradores ou sócios da pessoa jurídica. (Brasil, 2002, grifo nosso)

Como se pode constatar, os bens dos atuais gestores podem ser utilizados para sanar dívidas (atualmente de cunho trabalhista) caso haja inadimplência da associação. Utilizemos como exemplo a decisão do TRT da 10ª Região:

> AGRAVO DE PETIÇÃO. ASSOCIAÇÃO SEM FINS LUCRATIVOS. TEORIA DA DESCONSIDERAÇÃO DA PERSONALIDADE JURÍDICA. POSSIBILIDADE. Segundo a dicção do art. 50 do atual Código Civil, em caso de abuso da personalidade jurídica, pode o juiz decidir que os efeitos de certas e determinadas relações de obrigações sejam estendidos aos bens particulares dos administradores ou sócios das pessoas jurídicas. Configurada a relação de trabalho que gerou direitos e obrigações para ambas as partes, não pode a executada eximir-se de suas responsabilidades de cunho trabalhista ao fundamento de ser instituição sem fins lucrativos. [...]. (TRT-10, 2014)

Observamos nesse caso que, tratando-se de desvio de finalidade da associação, seus gestores responderam com bens particulares. Essa decisão enfatizou a matéria trabalhista.

Percebemos que o entendimento do CC sobre as associações se complementa com o exercício de liberdade de associação, assegurada pelo inciso XVII do art. 5º da Constituição Federal. Assim, cabe aos sujeitos que representam a associação criá-la sem desvio de finalidade, buscando o valor essencial de sua liberdade e atendendo aos anseios de sua formação.

4.8.3 Fundações

As fundações caracterizam uma modalidade de sociedade que representa pessoas jurídicas de direito privado – mesmo se estabelecidas pelo Estado. As fundações públicas, assim como as privadas, visam a objetivos não econômicos, ou seja, elas não têm como finalidade o lucro – um requisito essencial na formação de uma sociedade empresarial, sendo uma exceção à regra. Nesse sentido, são constituídas com vistas a algo diferente do mero retorno financeiro direto: educação, saúde, amparo ao trabalhador etc. Como exemplo, podemos citar o Instituto Brasileiro de Geografia e Estatística (IBGE), que visa compreender e apoiar o desenvolvimento do Brasil por meio da coleta de informações estatísticas, e a Fundação Nacional do Índio (Funai), cujo propósito é o amparo às populações indígenas. Nenhuma delas, portanto, objetiva produzir lucro (Fundações ..., 2007).

Vale ressaltar que é a Lei de Licitações – Lei n. 8.666, de 21 de junho de 1993 – que orienta as relações jurídicas das fundações, sejam seus contratos administrativos com entes públicos, sejam com entes privados (Brasil, 1993).

4.8.4 Cooperativas

As cooperativas representam um modelo de cooperação entre os sócios. Essa sociedade é mantida de forma coletiva, em favor dos chamados *cooperados*.

Quanto à natureza jurídica, mantém-se pela Lei n. 5.764, de 16 de dezembro de 1971 (Brasil, 1971), e pelos arts. 1.093 a 1.096 do CC, os quais, na falta de norma regulamentadora, atribuem as regras da sociedade simples.

Para Teixeira (2014), trata-se se uma organização de pessoas que unem forças para atuar em determinada atividade ou serviço, distribuindo lucros aos cooperados. Na condição de gestão administrativa, as cooperativas se constituem por meio de uma assembleia geral, um conselho administrativo e um conselho fiscal. A responsabilidade dos sócios pode ser limitada ou ilimitada.

Destacamos os principais dispositivos legais da Lei n. 5.764/1971 que ainda estão em vigência:

> Art. 11. As sociedades cooperativas serão de responsabilidade limitada, quando a responsabilidade do associado pelos compromissos da sociedade se limitar ao valor do capital por ele subscrito.
> Art. 12. As sociedades cooperativas serão de responsabilidade ilimitada, quando responsabilidade do associado pelos compromissos da sociedade for pessoal, solidária e não tiver limite.
> Art. 13. A responsabilidade do associado para com terceiros, como membro da sociedade, somente poderá ser invocada depois de judicialmente exigida da cooperativa.
> Art. 14. A sociedade cooperativa constitui-se por deliberação da Assembleia Geral dos fundadores, constante da respectiva ata ou por instrumento público.

> Art. 15. O ato constitutivo, sob pena de nulidade, deverá declarar:
> I – a denominação da entidade, sede e objeto de funcionamento;
> II – o nome, nacionalidade, idade, estado civil, profissão e residência dos associados, fundadores que o assinaram, bem como o valor e número da quota-parte de cada um;
> III – aprovação do estatuto da sociedade;
> IV – o nome, nacionalidade, estado civil, profissão e residência dos associados eleitos para os órgãos de administração, fiscalização e outros.
> Art. 16. O ato constitutivo da sociedade e os estatutos, quando não transcritos naquele, serão assinados pelos fundadores. (Brasil, 1971)

Há três modalidades de cooperativas utilizadas atualmente e que merecem atenção. Confira-as a seguir.

Cooperativa de trabalho

A Lei n. 12.690, de 19 de julho de 2012,

> Dispõe sobre a organização e o funcionamento das Cooperativas de Trabalho; institui o Programa Nacional de Fomento às Cooperativas de Trabalho – PRONACOOP; e revoga o parágrafo único do art. 442 da Consolidação das Leis do Trabalho – CLT, aprovada pelo Decreto-Lei n. 5.452, de 1º de maio de 1943. (Brasil, 2012b)

Pela definição legal mencionada, a cooperativa de trabalho, em suma, representa uma sociedade formada por trabalhadores que têm autonomia de gestão, o que propicia aferição de lucro e melhores condições de trabalho.

Alguns exemplos são cooperativas de táxis, de médicos, da construção civil e de leite.

Cooperativas sociais

A Lei n. 9.867, de 10 de novembro de 1999, dispõe sobre a criação e o funcionamento de cooperativas sociais. Estas devem ser "constituídas com a finalidade de inserir pessoas em desvantagem no mercado econômico por meio do trabalho, fundamentadas no interesse geral da comunidade em promover a pessoa humana e a integração social dos cidadãos" (Brasil, 1999).

Cooperativas de crédito

As cooperativas de crédito têm como intuito incentivar os atos empresariais dos cooperados por meio de assistência de crédito. Portanto, uma cooperativa objetiva conseguir recursos e aplicá-los de forma mais benéfica para seus cooperados.

Trata-se, de fato, da união de pessoas com interesses comuns, que buscam satisfazer aspirações e necessidades econômicas, sociais e culturais por meio de uma cooperativa organizada econômica e democraticamente. Um exemplo é a concessão de empréstimos aos cooperados, os quais normalmente são feitos a taxas de juros menores que as praticadas pelo mercado financeiro.

> *Na prática isso representa uma redução de custos para quem contrata pessoas jurídicas com a natureza de cooperativa de trabalho (a exemplo da Unimed, Uniodonto, dentre outras), abrindo espaço para que as contribuições recolhidas nos últimos 5 (cinco) anos sejam recuperadas, inclusive via compensação.* (Open..., 2014)

O Supremo Tribunal Federal (STF) considera inconstitucional a transferência pela União do recolhimento tributário da cooperativa para o prestador de serviço. Essa regra, segundo o órgão supremo julgador, extrapola as normas constitucionais no que tange ao financiamento da seguridade social.

4.9 As sociedades empresárias e as mudanças trazidas pela reforma trabalhista (Lei n. 13.467/2017)

Com o surgimento da Lei n. 13.467, de 13 de julho de 2017 (Brasil, 2017b), houve mudanças consideráveis de dispositivos da Consolidação das Leis do Trabalho (CLT), principalmente na formação de jornadas intermitentes de trabalho e na legalização da "pejotização". Neste caso, o trabalhador constitui uma pessoa jurídica para executar trabalhos próprios de pessoa física, no intuito de mascarar a real relação existente, que é de emprego.

A figura jurídica da "pejotização" seria mais importante com relação a profissões de cunho intelectual, tendo em vista que a Lei n. 11.196, de 21 de novembro de 2005 (Brasil, 2005b), em seu artigo 129, prevê:

> Art. 129. Para fins fiscais e previdenciários, a prestação de serviços intelectuais, inclusive os de natureza científica, artística ou cultural, em caráter personalíssimo ou não, com ou sem a designação de quaisquer obrigações a sócios ou empregados da sociedade prestadora de serviços, quando por esta realizada, se sujeita tão somente à legislação aplicável às pessoas jurídicas, sem prejuízo da observância do disposto no art. 50 da Lei no 10.406, de 10 de janeiro de 2002 – Código Civil.

Dessa forma, muitos empregadores se sentiram legitimados a contratar trabalhadores intelectuais como pessoas jurídicas. A licitude dessa relação é defendida pelos empregadores, com fundamento no dispositivo legal supra.

Na opinião de Souto Maior (2017, p. 38),

> *de fato, a regulamentação em questão, como já se verificou no caso das cooperativas de trabalho (1994) e de tantas outras formas precarizadas de trabalho, não cria novos empregos. Na verdade, a fórmula aniquila os empregos já existentes, pois sendo economicamente mais vantajoso para o empregador, este tenderá a substituir os empregados plenos por empregados intermitentes, ainda mais em um ambiente jurídico em que não se garantiu aos trabalhadores a proteção contra a dispensa arbitrária e no qual até mesmo a dispensa sem pagamento de verbas rescisórias não é devidamente punida.*

Essas alterações na CLT acarretam o desvio direto de finalidade da lei das cooperativas. Em outros termos, com a nova lei trabalhista, muitas empresas estão demitindo seus funcionários e recontratando-os por meio de cooperativas ou de empresas individuais apenas para mascarar uma relação de emprego.

Na prática, há quem defenda que essa mudança tem potencial de gerar empregos, estimular a economia e fomentar o empreendimento de pequenas e médias empresas.

Nos ensinamentos de Souto Maior (2017, p. 48),

> *diante de todos esses argumentos, alguém que os acolha poderá, com seriedade, propor a questão: se a Reforma não aumenta a competitividade das empresas, não elimina o problema do desemprego e não favorece as pequenas e médias empresas, mas, se houver, de fato, uma crise existe, o que fazer, então?*

De 2017 até os dias atuais, já na vigência da reforma trabalhista, o que se tem observado é alarmante e assustador, pois não há como negar que essas alterações acarretaram uma "uberização do trabalho"; segundo Natusch (2020), hoje temos 3 milhões de pessoas atuando como motoristas de aplicativo no país. Estudos do Ipea, com base em dados do final de 2021, ainda revelam que "61,2% desses trabalhadores são motoristas de aplicativo ou taxistas, 20,9% entregam mercadorias em motocicletas, 14,4% são mototaxistas e o restante entrega mercadorias por outro meio de transporte, como bicicletas ou a pé" (Uberização..., 2022).

> Para saber mais
>
> Para conferir mais dados e informações sobre o fenômeno de "uberização do trabalho", acesse:
>
> NATUSCH, I. Brasil tem 3 milhões de trabalhadores e trabalhadoras vinculados a aplicativos. Entrevista especial com Lucia Garcia. **Democracia e Mundo do Trabalho em Debate**, 16 set. 2020. Disponível em: <https://www.dmtemdebate.com.br/brasil-tem-3-milhoes-de-trabalhadores-e-trabalhadoras-vinculados-a-aplicativos-entrevista-especial-com-lucia-garcia/>. Acesso em: 28 jun. 2022.
>
> UBERIZAÇÃO: Brasil chega a 1,5 milhão de motoristas precarizados e entregadores. **Esquerda Diário**, 16 maio 2022. Disponível em: <https://www.esquerdadiario.com.br/Brasil-chega-a-1-5-milhao-de-motoristas-precarizados-e-entregadores>. Acesso em: 28 jun. 2022.

Diante desse cenário, nos últimos anos, os movimentos coletivos da categoria vêm denunciando a precarização do trabalho. Em manifestações, os trabalhadores de aplicativos reivindicam condições mais dignas de atuação e transparência das empresas sobre os critérios de avaliação, suspensão e desligamento; além disso, denunciam os excessos de jornada de trabalho, a baixa remuneração, os riscos de acidentes e a falta de fornecimento de equipamentos de proteção, especialmente durante a pandemia de coronavírus.

Recentemente, foi aprovada a Lei 14.297, de 5 de janeiro de 2022 (Brasil, 2022), que dispõe sobre medidas de proteção para quem trabalhar por aplicativo durante o período pandêmico. Muito embora estabeleça algumas garantias sanitárias emergenciais – em caráter provisório –, a lei estabelece, em seu artigo 10º, que "os benefícios e as conceituações previstos nesta Lei não servirão de base para caracterização da natureza jurídica da relação entre os entregadores e as empresas de aplicativo de entrega" (Brasil, 2022). Uma verdadeira contradição, ou seja, há o reconhecimento de direitos fundamentais nas relações de trabalho, mas não se pode pleiteá-los.

Exemplo prático

Imaginemos a seguinte situação: um trabalhador de aplicativo testa positivo para Covid-19. Para que haja a concessão da assistência financeira pela empresa de aplicativo de entrega, é necessária a "apresentação de comprovante de resultado positivo para covid-19 – obtido por meio de exame RT-PCR – ou de laudo médico que ateste condição decorrente da covid-19 que justifique o afastamento" (Brasil, 2022, art. 4º, § 2º). Cumprida tal exigência, o valor da assistência "deve ser calculada de acordo com a média dos 3 (três) últimos pagamentos mensais recebidos pelo entregador" (Brasil, 2022, art. 4º, § 1º). Nesse ponto, a lei também foi tímida, pois não previu os casos de trabalhadores que tenham sequelas decorrentes da contaminação por Covid-19. Obviamente, em casos de sequelas, o período de afastamento pode ser muito maior do que o previsto na nova norma. Além disso, como o valor deve ser calculado de acordo com a média dos três últimos pagamentos mensais recebidos pelo entregador, o que acontece caso não exista média a ser calculada? E se for o primeiro dia de trabalho desse entregador? E se é o primeiro ou segundo mês de trabalho? A resposta é simples: Deveria ser garantido o salário-mínimo, conforme prevê o artigo 7º, inciso IV, da Constituição da República; no entanto, a Lei 14.297/2022 não faz qualquer menção a isso.

Síntese

Vimos neste capítulo a evolução significativa das sociedades empresariais ao longo do tempo. Esse desenvolvimento é decorrente das mudanças econômicas e sociais ocorridas no Brasil e no mundo. Nesse sentido, conferimos pontos importantes da Lei da Liberdade Econômica (Lei n. 13.874/2019) e como se deu o estabelecimento da SLU, uma sociedade limitada com apenas um sócio, pela Lei n. 14.195/2021.

Destacamos também as sociedades anônimas e as estrangeiras, além de outras modalidades de sociedade, como cooperativas, fundações e associações, e suas implicações com as mudanças de legislação, em especial a reforma trabalhista (Lei n. 13.467/2017). Realizamos, ainda, uma abordagem detalhada sobre estruturação, características, finalidades, bem como sobre a responsabilidade de sócios e demais figuras intervenientes quando há dívidas.

Questões para revisão

1) (Vunesp – 2010 – TJ-SP) A sociedade entre cônjuges é:
    a. válida em qualquer regime de bens, ressalvada aos terceiros a possibilidade de demonstrar a simulação do ato.
    b. juridicamente impossível.
    c. válida se o regime de bens for comunhão universal.
    d. válida se o regime de casamento for comunhão parcial.

2) (Cespe – 2009 – OAB) Considerando os vários tipos de sociedades descritos no Código Civil, e com base na teoria geral do direito empresarial, assinale a opção correta:

a. As cooperativas, independentemente do objeto social, são sempre sociedades simples.
b. A sociedade anônima pode adotar a forma simples, desde que o seu objeto social compreenda atividades tipicamente civis.
c. A sociedade simples não possui personalidade jurídica, sendo desnecessária a inscrição de seu contrato social no Registro Civil das Pessoas Jurídicas do local de sua sede.
d. Na sociedade em comum, todos os sócios respondem limitadamente pelas obrigações da sociedade; assim, todos os sócios podem se valer do benefício de ordem a que os sócios da sociedade simples fazem jus.

3) Como se dá o regime de estruturação e funcionamento de uma Sociedade Limitada Unipessoal (SLU)? Justifique sua resposta.

4) Quais são as principais características de uma sociedade anônima?

5) (OAB – 2018.1) O empresário individual José de Freitas alienou seu estabelecimento a outro empresário mediante os termos de um contrato escrito, averbado à margem de sua inscrição no Registro Público de Empresas Mercantis, publicado na imprensa oficial, mas não lhe restaram bens suficientes para solver o seu passivo. Em relação à alienação do estabelecimento empresarial nessas condições, sua eficácia depende
a. da quitação prévia dos créditos trabalhistas e fiscais vencidos no ano anterior ao da alienação do estabelecimento.
b. do pagamento a todos os credores, ou do consentimento destes, de modo expresso ou tácito, em trinta dias a partir de sua notificação.

c. da quitação ou anuência prévia dos credores com garantia real e, quanto aos demais credores, da notificação da transferência com antecedência de, no mínimo, sessenta dias.
d. do consentimento expresso de todos os credores quirografários ou da consignação prévia das importâncias que lhes são devidas.

Questões para reflexão

1) Constatamos neste capítulo que as cooperativas representam um modelo de sociedade diferenciada, de acordo com a Lei n. 5.764/1971. Assim sendo, especifique as atividades em que elas poderão atuar.

2) De acordo com a Lei das Sociedades Anônimas (Lei n. 6.404/1976), há dispositivos legais destinados à responsabilidade dos administradores. Como eles se aplicam?

Consultando a legislação

De modo a padronizar as mudanças que ocorreram sobre um novo modelo de sociedade empresarial – Sociedade Limitada Unipessoal (SLU) –, tornaram-se necessários alguns apontamentos para facilitar seu entendimento. Indicamos como objeto de estudo a aplicação da Lei das Sociedades Anônimas (Lei n. 6.404/1976), que dispõe sobre a atuação destas no universo das organizações empresariais, as mudanças do Simples Nacional (Lei Complementar n. 155/2016), a Lei da Liberdade Econômica (Lei n. 13.874/2019) e a Lei n. 14.195/2021, que estabeleceu a SLU, uma sociedade limitada com apenas um sócio, facilitando a abertura de empresa. Também indicamos a lei da Reforma Trabalhista (Lei n. 13.467/2017) e a lei de proteção a entregadores de aplicativo (Lei n. 14.297/2022). Consulte:

BRASIL. Lei n. 6.404, de 15 de dezembro de 1976. **Diário Oficial da União**, Poder Legislativo, Brasília, DF, 17 dez. 1976. Disponível em: <http://www.planalto.gov.br/ccivil_03/leis/l6404consol.htm>. Acesso em: 14 mar. 2018.

BRASIL. Lei n. 13.467, de 13 de julho de 2017. **Diário Oficial da União**, Poder Legislativo, Brasília, DF, 14 jul. 2017. Disponível em: <http://www.planalto.gov.br/ccivil_03/_ato2015-2018/2017/lei/L13467.htm>. Acesso em: 4 abr. 2018.

BRASIL. Lei n. 13.874, de 20 de setembro de 2019. **Diário Oficial da União**, Poder Executivo, Brasília, DF, 20 set. 2019. Disponível em: <http://www.planalto.gov.br/ccivil_03/_ato2019-2022/2019/lei/L13874.htm>. Acesso em: 28 jun. 2022.

BRASIL. Lei n. 14.195, de 26 de agosto de 2021. **Diário Oficial da União**, Poder Executivo, Brasília, DF, 27 ago. 2021. Disponível em: <http://www.planalto.gov.br/ccivil_03/_ato2019-2022/2021/lei/L14195.htm>. Acesso em: 28 jun. 2022.

BRASIL. Lei n. 14.292, de 3 de janeiro de 2022. **Diário Oficial da União**, Poder Executivo, Brasília, DF, 4 jan. 2022. Disponível em: <http://www.planalto.gov.br/ccivil_03/_ato2019-2022/2022/lei/L14292.htm>. Acesso em: 28 jun. 2022.

BRASIL. Lei Complementar n. 155, de 27 de outubro de 2016. **Diário Oficial da União**, Poder Legislativo, Brasília, DF, 28 out. 2016. Disponível em: <http://www.planalto.gov.br/ccivil_03/leis/LCP/Lcp155.htm>. Acesso em: 3 abr. 2018.

Além da legislação disponível nesse portal, recomendamos o acompanhamento do Informativo de Jurisprudência do Superior Tribunal de Justiça no seguinte *link*:

STJ – Superior Tribunal de Justiça. **Informativo de Jurisprudência**, Brasília, 2015. Disponível em: <https://ww2.stj.jus.br/jurisprudencia/externo/informativo/?aplicacao=informativo.ea>. Acesso em: 6 abr. 2018.

V

Títulos de crédito

Conteúdos do capítulo:

» Contexto histórico do crédito.
» Noção e natureza jurídica dos títulos de crédito.
» Princípios e finalidades dos títulos de crédito.
» Jurisprudências.

Os títulos de crédito vêm sofrendo mudanças significativas ao longo do tempo. Tanto é verdade que analisaremos essa evolução nos aspectos material e processual, dando ênfase à mais nova tipificação de título de crédito, chamada *duplicata virtual*.

Para melhor assimilação da matéria, é necessário fazer uma análise histórica a fim de que você entenda a origem e a formalização dos títulos de crédito. Os aspectos formais dos títulos serão detalhadamente estudados, pois, em matéria judicial, eles são analisados pelo Poder Judiciário de forma tão analítica que podem ser declarados nulos em sua totalidade, comprometendo seus efeitos.

5.1 Contexto histórico de crédito

Segundo o clássico *Dicionário Aurélio* (Ferreira, 1986, p. 495), a palavra *crédito* é originária do termo latino *creditu*, que significa "segurança de que alguma coisa é verdadeira, confiança".

É fundamental compreender a importância da história e da criação dos títulos de crédito, pois é de responsabilidade solidária dos poderes Executivo, Legislativo e Judiciário a eficiência de normas jurídicas que promovam, por meio das respectivas competências, a seriedade, a confiança e a eficácia na operação dos títulos de crédito.

De fato, esse é um assunto corriqueiro em nossa vida social e econômica. Assim, sob o auxílio histórico, sabemos que os títulos surgiram na Idade Média como forma de facilitar a circulação de crédito comercial – quando foi inventado o primeiro título de crédito, chamado *letra de câmbio* (o termo italiano *lettera* significa "carta"). Com o tempo, o título de crédito passou a representar valores e também a obrigação de operacionalizá-los em prazos condicionados.

Pelo efeito da diversidade de moeda de vários países, o *direito cambiário* (expressão jurídica utilizada para definir os títulos de crédito) estabeleceu, em 1930, a chamada *Convenção de Genebra*. A partir desse tratado internacional, é possível estabelecer normas-padrão para a aplicação das regras dos títulos de crédito.

No Brasil, o surgimento do Decreto n. 57.663, de 24 de janeiro de 1966, estabeleceu a Convenção de Genebra como "Lei Uniforme" (Brasil, 1966). O Código Comercial de 1850 – Lei n. 556, de 25 de junho de 1850 (Brasil, 1850), que já tratava de letra de câmbio, teve sua redação legal revogada pelo Decreto n. 2.044, de 31 de dezembro de 1908 (Brasil, 1908), o qual posteriormente foi revogado pelo Decreto n. 57.663/1966.

5.2 Noção e natureza jurídica dos títulos de crédito

O título de crédito é a comprovação escrita de que o portador possui determinado valor nele expresso, ou seja, é como o crédito é formalizado. Desse modo, a **formalidade** é requisito essencial para a apresentação. É necessário observação rigorosa quanto a seu preenchimento correto, à sua validade e à subscrição dos sujeitos que farão parte da relação obrigacional do título.

Nesta seção, apresentaremos os diferentes tipos de títulos de crédito e suas peculiaridades por meio de casos concretos, visualizados como jurisprudência pelos tribunais superiores. Alguns autores mencionam também a necessidade da aplicação de princípios – vetores que norteiam a validade e a aplicação do título de crédito –, além das características peculiares dos títulos como forma de diferenciá-los.

Assim, os títulos de crédito podem circular como **documentos abstratos**, sem qualquer ligação com a causa de sua origem, caso em que a causa fica fora da obrigação – como a **letra de câmbio** e a **nota promissória**. Vale frisar que a obrigação abstrata ocorre apenas quando o título está em circulação, independentemente da obrigação originária do credor-devedor.

Já os títulos de crédito que têm característica de **documentos não abstratos** são chamados de *exceções causais*, pois são vinculados a uma causa, sendo o contrário da classificação anterior. É o caso de uma **duplicata**, emitida por uma nota fiscal de compra e venda, ou de uma **nota promissória**, vinculada a um contrato mercantil ou bancário.

5.2.1 Tipos de título de crédito

Para a análise e a aplicação dos títulos de crédito, são necessários o detalhamento e as particularidades de cada um deles. Nesse sentido, há regras que podem e outras que não podem ser aplicadas a todos os títulos.

Letra de câmbio

A origem etimológica do termo *letra de câmbio* (*lettera*) é italiana e significa "carta", como vimos anteriormente. Surgiu da necessidade de uniformizar o câmbio entre as cidades italianas. No entanto, foi na Idade Média que esse instituto efetivamente ganhou relevância econômica e se desenvolveu. Nesse período, mais especificamente no século XIV, os banqueiros de cidades vizinhas emitiam uma letra de câmbio para pagar a quantia devida. Eles faziam isso para evitar que uma grande remessa de dinheiro circulasse entre uma cidade e outra; afinal, muitas vezes essas moedas eram diferentes.

As figuras intervenientes da letra de câmbio, ou seja, que fazem parte da relação jurídica, são as seguintes:

» **Sacador** – aquele que dá a ordem de pagamento e emite a letra de câmbio; se não for o próprio credor, será aquele que garantirá o pagamento do crédito (o banco, por exemplo).
» **Sacado** – o destinatário da ordem, aquele que deve efetuar o pagamento.
» **Tomador** – o beneficiário da ordem de pagamento, ou seja, o credor.

Nota promissória

A nota promissória é uma promessa de pagamento que uma pessoa (sacador) faz a um beneficiário da ordem. Trata-se de uma declaração unilateral da vontade, pois não existe a interveniência de terceiro por meio da figura do aceite. São figuras intervenientes na relação jurídica:

» **Sacador** – emitente que se compromete, de forma incondicionada, a pagar o título, ou seja, o **devedor principal**.

» **Sacado** – beneficiário do título, ou seja, o **credor**.

Como a própria expressão indica, a *nota promissória* é uma promessa de pagamento. Nessa relação jurídica, o sacador (o devedor do título) emite a nota e se compromete a realizar o pagamento ao sacado (o credor do título). Para tanto, o próprio devedor é responsável por emitir o título e efetuar o pagamento.

> **Importante**
>
> No caso de nota promissória vinculada a um contrato de abertura de crédito de conta-corrente, o banco só pode cobrar do devedor aquilo que está líquido, certo e exigido. Assim, o registro da dívida não pode ser feito por meio de nota promissória, tendo em vista a iliquidez do título. Esse entendimento, portanto, já está consumado pela Súmula n. 258 do STJ (2001b): "A nota promissória vinculada a contrato de abertura de crédito não goza de autonomia, em razão da iliquidez do título que a originou".

Cheque

De acordo com a definição clássica, cheque é um título de crédito que define uma ordem de pagamento à vista emitida contra um banco, que, por sua vez, deve ter fundos depositados por aquele que emite o cheque. Eis as modalidades:

» **Cheque pré-datado** – É aquele ao qual se fixa um vencimento a prazo, ou seja, uma data futura para ser levado à compensação ou quitação, embora a natureza jurídica do cheque seja uma ordem de pagamento à vista. Adiante comentaremos o comportamento dos tribunais superiores sobre o assunto.

- » **Cheque visado** – Refere-se ao caso em que o sacado (banco) declara suficiência de fundos na conta bancária do emissor, a pedido do credor ou do emitente. Assim, o banco debita a quantia da conta bancária do emitente, reservando-a, para compensação do título, de acordo com o prazo de apresentação.
- » **Cheque administrativo** – É aquele emitido por um banco contra um de seus estabelecimentos. Sacador e sacado se identificam no cheque administrativo. O exemplo mais corriqueiro é o cheque viajante, no qual um banco emite um cheque contra um de seus estabelecimentos, que deve ser firmado pelo credor em dois momentos distintos: na aquisição e na liquidação. Destina-se a conferir mais segurança, evitando o transporte de grandes valores.
- » **Cheque cruzado** – Possibilita, a qualquer tempo, a identificação da pessoa em favor de quem foi liquidado. Resulta da aposição, pelo emitente ou pelo portador, no anverso do título, de dois traços transversais, no interior dos quais pode ou não ser designado determinado banco. Na falta de designação ou sendo esta genérica, há cruzamento em branco ou geral, em que só pode ser pago a um banco ou a um cliente do sacado mediante crédito em conta. Havendo a menção de um banco específico, tem-se cruzamento em preto, em que só pode ser beneficiário do título aquele cujo nome conste no cruzamento.

Figura 5.1 – Exemplo de cheque cruzado

| Comp | Banco | Agência | Número da conta | Número do cheque | R$ |
| 000 | 000 | 000 | 000000000-0 | 00000000000000 | |

Pague por este
cheque a quantia de _____

a _____

BANCO BOA SORTE
Rua Alegria, s/n
Cidade tal

(lugar e data de emissão) ___ de ___ de ___
(assinatura do emitente)

Jamey Ekins/Shutterstock

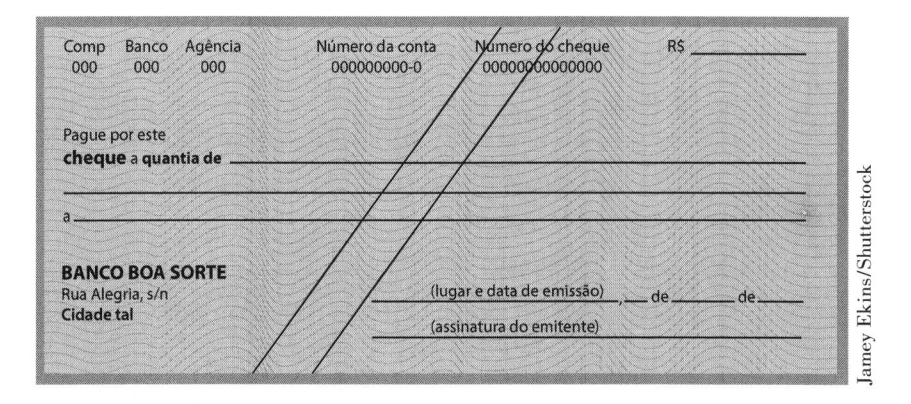

Contratos bancários

Embora pertença à natureza jurídica do cheque, os **contratos bancários** representam as principais operações financeiras, merecendo um espaço para suas considerações. Nessa relação jurídica, sempre haverá a presença de um banco. A doutrina não favorece um entendimento unânime sobre as principais modalidades de contratos que envolvem as instituições financeiras e sobre o cheque como instrumento concreto de operação.

A definição mais adequada de *contrato bancário* é a de Fábio Ulhoa Coelho (2008), para quem uma das partes do contrato é necessariamente um banco. Dessa forma, destacamos a seguir os principais tipos de contrato:

» **Contrato de conta-corrente** – É o mais utilizado nas práticas empresariais em que se usa o cheque. Um exemplo é quando o banco recebe certa quantia do correntista ou de terceiros e se obriga a efetuar pagamentos por ordem do cliente, em virtude da utilização daquele recurso, com ou sem limite de crédito. É um contrato que se estabelece quando manifestada a vontade consensual das partes.

» **Contrato de depósito** – Consiste na entrega de valores mobiliários a determinado banco, que se obriga a restituí-los quando solicitado. O referido depósito pode ser feito à vista, com ou sem pré-aviso. É uma relação de fidúcia, de confiança, entre o banco e o cliente. As normas para esse contrato estão reguladas no art. 645 do Código Civil (CC) brasileiro – Lei n. 10.406, de 10 de janeiro de 2002 (Brasil, 2002).

» **Aplicação financeira** – Refere-se à autorização dada pelo depositante ao banco para que os recursos nele depositados sejam aplicados no mercado de capitais (compra de ações, títulos da dívida pública etc.), o que é feito de acordo com a escolha do banco.

» **Mútuo bancário** – Trata-se de um contrato real, porque somente existe com a entrega da coisa, e oneroso, pois supõe o pagamento de juros. Afirma o art. 586 do CC: "O mútuo é o empréstimo de coisas fungíveis. O mutuário é obrigado a restituir ao mutuante o que dele recebeu em coisa do mesmo gênero, qualidade e quantidade" (Brasil, 2002). Em outras palavras, cabe ao mutuário (devedor do banco) restituí-lo por coisas fungíveis: móveis que podem ser substituídos por outros da mesma espécie, qualidade e quantidade.

» **Desconto bancário** – É um contrato que tem por objeto a antecipação de um crédito. O banco antecipa ao correntista um valor correspondente a um crédito que este possui com terceiro. Obviamente, o banco, ao efetuar o desconto, realiza a cobrança relativa a taxas e juros. Assim, o cliente transfere ao banco seu crédito perante terceiros e recebe uma quantia equivalente, deduzidos taxas, despesas, juros, comissões e outros.

» **Abertura de crédito** – É por meio desse contrato que a instituição bancária coloca à disposição do correntista certa quantia de dinheiro, que pode ou não ser utilizada. É costumeiramente chamado de *cheque especial* e o cliente só pagará juros e encargos se efetivamente utilizar o crédito disponível.

A doutrina moderna faz menção também aos chamados **contratos bancários impróprios**. São eles:

» **Alienação fiduciária** – O proprietário de um bem (fiduciante) aliena em confiança a outrem; daí o termo *fidúcia*, que o obriga a devolvê-lo se ocorrerem certas condições. Essa modalidade contratual é regulada pela Lei n. 10.931, de 2 de agosto de 2004 (Brasil, 2004). Sobre esse contrato, cabe lembrar a vigência da Súmula Vinculante n. 25 do Supremo Tribunal Federal (STF), de 16 de dezembro de 2009 (STF, 2018), que considera "ilícita a prisão civil de depositário infiel, qualquer que seja a modalidade de depósito". Assim, atualmente o STF tem entendido que não se aplica a prisão do fiduciante, ficando sua responsabilidade apenas na execução cível.

» **Leasing** – Também chamado de *arrendamento mercantil*, é uma operação de características legais próprias, em que o proprietário de um bem o arrenda a um terceiro, que terá a posse e poderá usufruir dele enquanto vigorar o contrato, com a opção de adquiri-lo (ou não) definitivamente no fim deste. Para isso, o cliente paga uma espécie de aluguel mensal (as chamadas *contraprestações*) e deve cumprir as obrigações específicas assumidas (no caso de um automóvel, o pagamento de IPVA, multas e seguro, por exemplo). Nessa relação jurídica contratual, as partes são denominadas *arrendador* (instituição financeira ou sociedade de arrendamento mercantil) e *arrendatário* (cliente). O objeto do contrato é a aquisição, por parte do arrendador, do bem escolhido pelo arrendatário para sua utilização. Podem ser objeto do arrendamento bens móveis ou imóveis de fabricação nacional, bem como aqueles produzidos no exterior e autorizados pelo Conselho Monetário

Nacional (CMN) – art. 10 da Lei n. 6.099, de 12 de setembro de 1974 (Brasil, 1974) e alterações observadas pela Lei n. 12.973, de 13 de maio de 2014 (Brasil, 2014). Por fim, o contrato de arrendamento mercantil pode prever ou não a opção de compra pelo arrendatário do bem de propriedade do arrendador. Essa é a principal diferença entre o *leasing* e o financiamento tradicional, uma vez que, neste último, o bem é de propriedade do contratante já no ato da compra.

» **Cartão de crédito** – Nesse tipo de contrato, as regras são claras. Há um emissor do cartão (administração financeira) e um devedor (portador do cartão que assumirá a responsabilidade civil de efetuar o pagamento da obrigação gerada). Dessa forma, é possível estabelecer critérios objetivos, mas impróprios, de um contrato. Impróprios porque o entendimento moderno dos tribunais superiores é de que a "lei de usura" não se aplica às operações das instituições financeiras (bancos) nem às operações regidas por leis especiais (no caso, as administradoras de cartão de crédito), como abordaremos na seção seguinte.

» **Empréstimo** – Trata-se da chamada *transação financeira*, ou somente *crédito direto ao consumidor* (CDC), muito simples de ser contratado, mas extremamente difícil de ser quitado. É utilizado para várias finalidades, como compra de produtos ou serviços parcelados, abertura ou ampliação do próprio negócio e até renegociação de outras dívidas do mesmo banco, a exemplo das dívidas do cartão de crédito e do cheque especial. No entanto, quem faz um crédito pessoal não dá nada em garantia, a não ser o próprio nome. Contudo, isso não traduz qualquer vantagem, pois, como não existe o oferecimento de algum bem específico como garantia de pagamento, o banco teoricamente pode tomar qualquer bem que esteja no nome do devedor em caso de atraso das prestações por um período superior a 90 dias.

Duplicata

É um título de crédito que tem origem na relação empresarial, cujo objeto está em uma nota fiscal, em uma prestação de serviços ou em uma fatura de compra e venda. A duplicata tem sido o modelo de título executivo mais utilizado, haja vista o grande avanço tecnológico ocorrido nos últimos tempos.

Coelho (2014) enfatiza a origem brasileira da duplicata e sua identidade disciplinada na Lei n. 5.474, de 18 de julho de 1968, denominada *Lei da Duplicata* (Brasil, 1968). Uma característica essencial da duplicata é a obrigatoriedade do aceite, ou seja, é necessário que o vendedor envie a duplicata ao comprador para que este faça o aceite.

Em resumo, se a duplicata tem origem em venda de mercadoria ou prestação de serviço com prazo não inferior a 30 dias, o vendedor deve emitir a fatura para apresentá-la ao comprador. Ainda no momento de tal emissão, ou após a venda, o comerciante/empresário pode extrair uma duplicata, que, sendo assinada pelo comprador/devedor, serve como documento de comprovação da dívida.

Duplicata virtual

Explicitamos que a duplicata representa a emissão de uma única fatura ou nota fiscal. Em busca da agilidade empresarial e com o apoio dos avanços tecnológicos, surgiu a **duplicata virtual**, como meio de concretizar essa relação jurídica, que merece, portanto, um espaço exclusivo nesta obra.

A jurisprudência atual admite a aplicação da duplicata virtual – seja por boleto bancário, seja por emissão de assinatura digital –, dando validade aos documentos mediante assinatura eletrônica. Sobre isso, a legislação atual aplica a Medida Provisória n. 2.200-2, de 24 de agosto de 2001, que instituiu a validade jurídica dos documentos em forma eletrônica:

> Art. 1º. Fica instituída a Infraestrutura de Chaves Públicas Brasileira – ICP-Brasil, para garantir a autenticidade, a integridade e a validade jurídica de documentos em forma eletrônica, das aplicações de suporte e das aplicações habilitadas que utilizem certificados digitais, bem como a realização de transações eletrônicas seguras. (Brasil, 2001)

O Superior Tribunal de Justiça (STJ) já se manifestou a esse respeito, mencionando a duplicata virtual como a expedição de um boleto bancário:

> EXECUÇÃO DE TÍTULO EXTRAJUDICIAL. DUPLICATA VIRTUAL. PROTESTO POR INDICAÇÃO. BOLETO BANCÁRIO ACOMPANHADO DO COMPROVANTE DE RECEBIMENTODAS MERCADORIAS. DESNECESSIDADE DE EXIBIÇÃO JUDICIAL DO TÍTULO DECRÉDITO ORIGINAL.
> 1. As duplicatas virtuais – emitidas e recebidas por meio magnético ou de gravação eletrônica – podem ser protestadas por mera indicação, de modo que a exibição do título não é imprescindível para o ajuizamento da execução judicial. Lei 9.492/97.
> 2. Os boletos de cobrança bancária vinculados ao título virtual, devidamente acompanhados dos instrumentos de protesto por indicação e dos comprovantes de entrega da mercadoria ou da prestação dos serviços, suprem a ausência física do título cambiário eletrônico e constituem, em princípio, títulos executivos extrajudiciais.
> 3. Recurso especial a que se nega provimento. (STJ, 2011b)

Por essa modernidade jurídica, fica fácil compreender que a duplicata virtual (expedição de boleto bancário) é uma realidade amparada pelo ordenamento jurídico, pois, como analisado, o aceite não precisa ser realizado no próprio título, ou seja, os chamados *borderôs*, que são as duplicatas lançadas por meio eletrônico.

Com o processo de informatização, as duplicatas virtuais vêm ocupando espaço nas práticas empresariais, sendo, inclusive, respaldadas legalmente, de acordo com o art. 8º, parágrafo único, da Lei n. 9.492, de 10 de setembro de 1997 (Brasil, 1997), e o art. 889 do CC. Na prática, estamos diante de um boleto bancário em que o comprador, ao gerar o "aceito" pela internet, gera esse boleto que não é um título de crédito, mas contém as características da duplicata virtual.

Bitcoin

A palavra *bitcoin* (também identificada pela sigla *BTC*) é formada por dois vocábulos ingleses: *coin*, que significa "moeda", e *bit*, que corresponde ao dígito binário, termo que expressa menor unidade de informação no contexto informático. Trata-se de uma moeda virtual capaz de operacionalizar valores cambiários sem a regulação ou a intervenção do Estado, mas sim do mercado.

O *bitcoin* tem atraído ultimamente a curiosidade de investidores de todo o mundo. Seu misterioso criador nunca teve sua identidade comprovada.*

Com esse tipo de moeda virtual ou criptomoeda, é possível contratar serviços ou adquirir coisas no mundo todo. No entanto, especialistas econômicos mais críticos não são otimistas diante da novidade; eles costumam comparar esse fenômeno relâmpago dos *bitcoins* à história da bolha financeira das tulipas da Holanda do século XVII. Por conseguinte, é como se o *bitcoin* vivesse sempre com uma imprecisão, tendo em vista não haver nenhuma regulação do Estado.

O episódio ocorrido no início do século XVII na Holanda, mais precisamente em Amsterdã, foi o seguinte:

---

* Para saber mais, acesse o *link*: GUIA DO BITCOIN. **Quem é Satoshi Nakamoto?**, 21 fev. 2017. Disponível em: <https://guiadobitcoin.com.br/quem-e-satoshi-nakamoto/>. Acesso em: 6 abr. 2018.

tulipas se tornaram um símbolo de status no país e isso fez com que os preços da planta começassem a subir. Quanto mais rara a tulipa, mais valiosa ela era considerada. Especuladores logo perceberam que podiam lucrar com essa mania e passaram a comprar bulbos para revendê-los a preços ainda mais caros. A mania por tulipas era tão grande que os preços chegaram a aumentar 20 vezes em um único mês. As plantas eram consideradas tão valiosas que muita gente dava todos os seus bens em troca de um simples bulbo, que poderia custar dinheiro o suficiente para sustentar por meses toda a tripulação de um navio.
(Caldeira, 2014)

Do futuro das *bitcoins*, o tempo se encarregará. No entanto, é estranho dar credibilidade a um investimento ou uma forma de pagamento virtual quando seu criador nem sequer tem sua identidade revelada e as transações não são reguladas pelo Estado. Assim, ao se negociarem tulipas ou *bitcoins*, respeitam-se valores contratuais que foram negociados no mercado, sem qualquer intervenção estatal.

Pedro Góis (citado por Alves, 2022), professor da Faculdade de Direito da Universidade de Coimbra e estudioso do assunto, acredita que é preciso construir uma regulação global sobre criptomoedas:

> *Segundo ele, nenhum governo nacional vai ter sucesso na tarefa de controlar as operações feitas com os criptoativos.*
>
> *"Precisamos de uma regulação global, ou pelo menos intergovernamental. É difícil regular o que não existe no nosso território porque não está sujeito a regulação territorial", afirmou ele. "Se eu comprar em Portugal e vender na China, qual é a autoridade que regula, a portuguesa ou a chinesa?".*

Permanece a reflexão.

> **Para saber mais**
> Para conhecer um pouco mais o posicionamento do professor Pedro Góis sobre as criptomoedas, acesse:
> ALVES, M. S. Regular criptomoedas é tarefa intergovernamental, diz professor de Coimbra. **ConJur**, 15 maio 2022. Disponível em: <https://www.conjur.com.br/2022-mai-15/regular-criptomoedas-tarefa-intergovernamental-professor>. Acesso em: 30 jun. 2022.

5.3 Princípios e finalidades dos títulos de crédito

Já mencionamos que todo e qualquer título de crédito se baseia principalmente em seus aspectos formais, que são imprescindíveis para sua validade. Esses princípios representam, em qualquer ramo da ciência jurídica, uma espécie de vetorização, de direcionamento para a aplicação da teoria. Os princípios sobre os títulos de crédito são fiéis a seu conceito, pois exigem que seja um documento necessário para fazer valer direitos e obrigações.

Como se trata de um assunto que exige muita memorização, para fixar os mais importantes princípios dos títulos de crédito, indicamos a utilização de um recurso mnemônico para facilitar a assimilação das principais características do título: **a**utonomia, **li**teralidade e **car**tularidade. As letras em destaque, se combinadas, formam a palavra *alicate*.

> » **Autonomia** – O título de crédito tem um caráter independente. Esse princípio é fundamental para garantir sua circulação, dando total segurança jurídica nas relações empresariais. Há situações em que o título de crédito perde sua força executiva e sua autonomia, cabendo ao credor provar a cobrança do título. Essa orientação, inclusive, já foi dada pelo STJ (2004a, grifo nosso):

> Direito comercial e processual civil. Agravo no agravo de instrumento. Embargos à ação monitória. Nota promissória prescrita. Propositura de ação contra o avalista. **Necessidade de se demonstrar o locupletamento.** Precedentes. – Prescrita a ação cambial, desaparece a abstração das relações jurídicas cambiais firmadas, devendo o beneficiário do título demonstrar, como causa de pedir na ação própria, o locupletamento ilícito, seja do emitente ou endossante, seja do avalista. Agravo não provido. [...]

» **Literalidade** – Pressupõe que só se pode exigir aquilo que está devidamente registrado no título. Mas há uma exceção à regra: quando o terceiro é de boa-fé – caso em que ele pode completar um título em branco ou incompleto. Tal decisão já foi incorporada pelo STF (1964), por meio da Súmula n. 387: "A cambial emitida ou aceita com omissões, ou em branco, pode ser completada pelo credor de boa-fé antes da cobrança ou do protesto".

» **Cartularidade** – Pressupõe a indispensável existência de um documento original que incorpore as obrigações cambiais. Para Elisabete Vido (2012, p. 265), há o alerta de que os títulos de crédito são representados principalmente por papéis, lembrando que a incorporação ampara também os documentos eletrônicos.

5.4 Jurisprudências

Destinamos este espaço à apresentação de alguns entendimentos jurisprudenciais do STJ a respeito dos títulos de crédito. Comecemos pelo cheque. A primeira citação jurisprudencial se refere à devolução indevida do título, já a segunda estabelece o que é cheque pré-datado. Em ambos os casos, é possível a caracterização de dano moral ao lesado na relação obrigacional do título. Vejamos o que regem as Súmulas 370 e 388 do STJ:

> Súmula n. 370
> Caracteriza dano moral a apresentação antecipada de cheque pré-datado. (STJ, 2009b)

> Súmula n. 388
> A simples devolução indevida de cheque caracteriza dano moral. (STJ, 2009d)

Portanto, nos dois casos, podemos observar que prevalece o contrato, ou seja, o acordo de manifestação de vontade estabelecido entre as partes. Se o cheque foi devolvido por motivo incabível, ou se o credor não cumpriu o avençado com o devedor, ao não depositar o cheque na data preestabelecida, descontando-o antes do prazo, há de se falar em dano moral à parte lesada.

Outra decisão importante dos tribunais superiores tem sido a existência das empresas administradoras de cartões de crédito como instituições financeiras. Repare que não há, em princípio, regulação do Poder Público (Executivo, Legislativo e Judiciário) quanto à prática de usura, ou seja, cobrança de juros excessivos (Súmula 283 do STJ e Súmula 596 do STF):

> Súmula 283
> As empresas administradoras de cartão de crédito são instituições financeiras e, por isso, os juros remuneratórios por elas cobrados não sofrem as limitações da Lei de Usura. (STJ, 2004b)

> **Súmula 596**
> As disposições do Decreto n. 22.626/1933 não se aplicam às taxas de juros e aos outros encargos cobrados nas operações realizadas por instituições públicas ou privadas, que integram o Sistema Financeiro Nacional. (STF, 1976)

Resumindo, por meio da análise das orientações legais supramencionadas, é possível afirmar que não há limite fixo à cobrança de juros na legislação, ao menos no âmbito do Sistema Financeiro Nacional (SFN). No entanto, o STJ admite a revisão das taxas de juros pactuadas no contrato quando provada a onerosidade excessiva destas. Daí a necessidade da aplicação do Código de Defesa do Consumidor (CDC), a fim de se evitar o anatocismo, ou seja, a cobrança indevida de juros sobre juros do valor principal.

Nesse mesmo âmbito, é notável a influência dos títulos de crédito nas operações financeiras cotidianas. Cabe aos tribunais superiores acompanhar em passos digitais a evolução dos títulos de crédito, de acordo com as necessidades do mercado e, principalmente, respeitando os direitos do consumidor.

Exemplo prático

O título de crédito eletrônico tem sido utilizado de forma cada vez mais frequente no meio empresarial. Cabe mencionar que essa desmaterialização dos títulos de crédito não é uma novidade. Newton De Lucca (1985, p. 23), um dos primeiros autores a tratar dessa questão no Brasil, afirma que esse fenômeno teve início na França, em 1967, onde se começou a utilizar a letra de câmbio não materializada. O comerciante, assim, passou a remeter seus créditos ao banco por meio de fitas magnéticas, acompanhadas de um borderô de cobrança, não existindo nem circulação do título nem a tradicional materialização relativa à cartularidade.

Síntese

Neste capítulo, explicitamos que os títulos de crédito representam a formalização plena das operações cambiais. Os princípios norteadores de autonomia, literalidade e cartularidade são essenciais para a compreensão da importância de cada tipo de título de crédito e de suas finalidades e, principalmente, para a observância dos aspectos formais que influenciam a validade e a eficácia do título.

Questões para revisão

1) (Ejef – 2008 – TJ-MG) Quanto às duplicatas, é correto afirmar que:
   a. comprovada a prestação dos serviços, a duplicata não é aceita, mas, protestada, é título hábil para instruir pedido de falência.
   b. a duplicata mercantil sem aceite e sem o comprovante de entrega da mercadoria, por si só, enseja ação monitória em desfavor do sacado.
   c. o endosso datado realizado pelo sacador três dias após o vencimento da duplicata se afigurará como endosso póstumo.
   d. caso não corresponda a uma compra e venda mercantil efetiva, a duplicata será nula, ainda que tenha circulado o endosso.

2) (Cespe – 2008 – OAB) Os títulos de crédito são tradicionalmente concebidos como documentos que apresentam requisitos formais de existência e validade, de acordo com o regulado

para cada espécie. Quanto aos seus requisitos essenciais, a nota promissória:

a. poderá ser firmada por assinatura a rogo, se o sacador não puder ou não souber assiná-la.

b. conterá mandato puro e simples de pagar quantia determinada.

c. poderá não indicar o nome do sacado, permitindo-se, neste caso, saque ao portador.

d. precisa ser denominada, com sua espécie identificada no texto do título.

3) Qual é a natureza jurídica do cheque e como os tribunais superiores têm decidido sobre o pagamento do cheque pré-datado?

4) As duplicatas virtuais têm sido utilizadas frequentemente nas relações empresárias. Quais são os requisitos essenciais da duplicata?

5) (OAB – 2017.1) Um cliente apresenta a você um cheque nominal à ordem com as assinaturas do emitente no anverso e do endossante no verso. No verso da cártula, também consta uma terceira assinatura, identificada apenas como aval pelo signatário.Com base nessas informações, assinale a afirmativa correta.

a. O aval dado no título foi irregular, pois, para a sua validade, deveria ter sido lançado no anverso.

b. A falta de indicação do avalizado permite concluir que ele pode ser qualquer dos signatários (emitente ou endossante).

c. O aval dado no título foi na modalidade em branco, sendo avalizado o emitente.

d. O aval somente é cabível no cheque não à ordem, sendo considerado não escrito se a emissão for à ordem.

Questões para reflexão

1) Explique cada um dos princípios fundamentais dos títulos de crédito: autonomia, literalidade e cartularidade.
2) Qual a origem da duplicata e qual o comportamento da doutrina e da jurisprudência acerca da duplicata virtual?

Consultando a legislação

A fim de facilitar o entendimento sobre o assunto, esclarecemos que os títulos de crédito são formados de maneira a garantir uma relação jurídica de obrigações. Recomendamos a leitura, na íntegra, das leis específicas que definem os títulos, a exemplo da letra de câmbio e da nota promissória (Decreto n. 57.663/1966), da Lei do Cheque (Lei n. 7.357/1985), da duplicata (Lei n. 5.474/1968) e dos demais dispositivos que se apresentam sobre o assunto no Código Civil brasileiro.

BRASIL. Decreto n. 57.663, de 24 de janeiro de 1966. **Diário Oficial da União**, Poder Executivo, Brasília, DF, 31 jan. 1966. Disponível em: <http://www.planalto.gov.br/ccivil_03/decreto/Antigos/D57663.htm>. Acesso em: 6 abr. 2018.

BRASIL. Lei n. 5.474, de 18 de julho de 1968. **Diário Oficial da União**, Poder Executivo, Brasília, DF, 19 jul. 1968. Disponível em: <http://www.planalto.gov.br/ccivil_03/LEIS/L5474.htm>. Acesso em: 6 abr. 2018.

BRASIL. Lei n. 7.357, de 2 de setembro de 1985. **Diário Oficial da União**, Poder Legislativo, Brasília, DF, 3 set. 1985. Disponível em: <http://www.planalto.gov.br/ccivil_03/leis/l7357.htm>. Acesso em: 10 abr. 2018.

BRASIL. Lei n. 10.406, de 10 de janeiro de 2002. **Diário Oficial da União**, Poder Legislativo, Brasília, DF, 11 jan. 2002. Disponível em: <http://www.planalto.gov.br/ccivil_03/LEIS/2002/L10406.htm>. Acesso em: 2 abr. 2018.

VI

Conteúdos do capítulo:

» Anulação de títulos de crédito.
» Protesto.
» Como se faz o protesto de título.
» Ação cambial.
» Ação de regresso.
» Ação monitória.
» Meios de defesa.

A **anulação dos títulos de crédito** está diretamente relacionada a seus aspectos formais. Tanto o credor quanto o devedor do título podem utilizar os meios judiciais – seja por intermédio de ação cambial, seja pelos cartórios civis (protesto) – para pleitear seus direitos.

Os critérios de anulação cumprem várias etapas: desde o preenchimento do título, passando pela origem da dívida, até os sujeitos que fazem parte da relação jurídica (os sujeitos intervenientes, já mencionados anteriormente). Assim, para aquele que utiliza um título de crédito com má-fé – ou seja, comprometendo a real

Protesto cambial e ações judiciais

finalidade deste e prejudicando o outro sujeito do negócio –, é possível promover uma ação de anulação do referido título.

Iniciaremos a análise com o protesto, seguido das ações cambiais.

6.1 Protesto

A Lei n. 9.492, de 10 de setembro de 1997, regula as diretrizes do protesto. As hipóteses previstas nessa lei se destinam à aplicação do **protesto extrajudicial**, a exemplo dos títulos de crédito (Brasil, 1997).

O art. 3º da Lei n. 9.492/1997 define a importância do protesto em demonstrar a inadimplência do devedor, bem como a competência dos cartórios de títulos em levar o título de crédito ao protesto.

> Art. 3º Compete privativamente ao Tabelião de Protesto de Títulos, na tutela dos interesses públicos e privados, a protocolização, a intimação, o acolhimento da devolução ou do aceite, o recebimento do pagamento, do título e de outros documentos de dívida, bem como lavrar e registrar o protesto ou acatar a desistência do credor em relação ao mesmo, proceder às averbações, prestar informações e fornecer certidões relativas a todos os atos praticados, na forma desta Lei. (Brasil, 1997)

Elisabete Vido (2012) alerta que somente os cheques e as notas promissórias podem ser levados a protesto por **falta de pagamento**. Quando se trata de letra de câmbio ou de duplicata, podem se dar tanto por falta de pagamento quanto por falta de **aceite** ou de **devolução.**

Destacamos que a falta de devolução acontece quando o título é enviado para o devedor e este não o devolve. Em decorrência do título original, faz-se possível a emissão da segunda via da duplicata ou da letra de câmbio para a realização do protesto ou da ação cabível.

> Atenção: a segunda via da duplicata é chamada de *triplicata*.

Cabe lembrar que, para o **protesto judicial**, a legislação aplicável é prevista com base no art. 882 do Código de Processo Civil (CPC) – Lei n. 5.869, de 11 de janeiro de 1973 (Brasil, 1973). No entanto, este não será objeto de estudo no presente livro.

6.2 Como se faz o protesto de título

Geralmente, o interesse de levar o título de crédito ao protesto é do credor ou dos endossatários do título – ou seja, daqueles que assumiram a responsabilidade da obrigação.

A seguir, mostramos as diferentes fases e os caminhos a serem percorridos quando da execução do protesto.

Primeira fase
O título é levado para protesto, pelo interessado, ao cartório de protesto de título, referente ao local de pagamento deste. No caso do cheque, pode ser realizado no local de pagamento ou no domicílio do emitente (art. 6º da Lei n. 9.492/1997).

Segunda fase
Após o recebimento e a verificação pelo cartório de ausência de qualquer irregularidade (art. 9º da Lei n. 9.492/1997), o devedor é intimado (art. 14 da Lei n. 9.492/1997).

Caso a intimação do devedor não seja realizada pessoalmente, deve-se ao menos comprovar o recebimento no endereço indicado. Tal regra não se aplica aos casos de falência, nos quais a identificação da pessoa que recebeu a intimação é necessária.

Assim já foi decidido pela Súmula n. 361 do STJ (2008):

> Notificação do Protesto para Requerimento de Falência da Empresa Devedora – Exigência. A notificação do protesto, para requerimento de falência da empresa devedora, exige a identificação da pessoa que a recebeu.

Terceira fase

Na prática e por determinação cautelosa dos tribunais, o prazo para que o devedor realize o pagamento do título ou impeça o protesto é de três dias, embora a Lei n. 9.492/1997 não estabeleça prazo para pagamento do título ou impedimento para protesto, apenas para registro:

> Art. 12. O protesto será registrado dentro de três dias úteis contados da protocolização do título ou documento de dívida.
> § 1º Na contagem do prazo a que se refere o *caput* exclui-se o dia da protocolização e inclui-se o do vencimento.
> § 2º Considera-se não útil o dia em que não houver expediente bancário para o público ou aquele em que este não obedecer ao horário normal. (Brasil, 1997)

Caso o devedor não reconheça a dívida imposta a ele, poderá existir sustação ou cancelamento do protesto do título e este permanecerá no tabelionato à disposição do Judiciário, conforme rege a Lei n. 9.492/1997:

> Art. 17. Permanecerão no Tabelionato, à disposição do Juízo respectivo, os títulos ou documentos de dívida cujo protesto for judicialmente sustado.
> [...]

> Art. 26. O cancelamento do registro do protesto será solicitado diretamente no Tabelionato de Protesto de Títulos, por qualquer interessado, mediante apresentação do documento protestado, cuja cópia ficará arquivada. (Brasil, 1997)

6.2.1 Prazo para protesto

O prazo para protesto – martírio dos operadores de direito e dos contabilistas – é fixado por leis especiais, mas não é considerado fatal, pois é possível que o credor proteste o título depois do prazo fixado em lei, desde que ainda exista a obrigação.

O protesto, na verdade, tem como principal objetivo interromper a prescrição do título. Apesar de a Súmula n. 153 do STF definir que o protesto cambiário não interrompe a prescrição (STF, 1963), o art. 202, inciso III, do Código Civil (CC) brasileiro – Lei n. 10.406, de 10 de janeiro de 2002 – inova ao estabelecer que o protesto cambial pode ser motivo para a interrupção da prescrição:

> Art. 202. A interrupção da prescrição, que somente poderá ocorrer uma vez, dar-se-á:
> [...]
> III – por protesto cambial; (Brasil, 2002).

Não bastasse isso, o art. 903 do CC de 2002 arremata ao considerar que, na omissão de leis especiais, prevalecerá o CC em relação à súmula: "Salvo disposição diversa em lei especial, regem-se os títulos de crédito pelo disposto neste Código" (Brasil, 2002).

> ### Regra geral dos prazos de protesto para cada título
>
> Letra de câmbio: um dia útil ou dois dias úteis (Decreto 2.044, de 31 de dezembro de 1908 (Brasil, 1908)– Define a letra de câmbio e a nota promissória e regula as operações cambiais;
> Nota promissória: um ou dois dias úteis (Decreto 2.044/1908 – Define a letra de câmbio e a nota promissória e regula as operações cambiais).
> Cheque: 30 dias da emissão para praças iguais; 60 dias da emissão para praças diferentes (art. 48 da Lei n. 7.357, de 2 de setembro de 1985).
> Duplicata: 30 dias do vencimento do título (art. 13 da Lei n. 5.474/1968).

6.3 Ação cambial

As ações cambiais aparecem como uma alternativa quando se busca o Poder Judiciário com o objetivo de pleitear direitos. A principal delas seria a **execução judicial**.

> Com a ferramenta jurídica da execução judicial, o credor pode buscar em juízo seu direito de cobrança de crédito contra o devedor ou os coobrigados.

A execução judicial representa a medida mais célere de cobrança, pois não há necessidade de um processo de conhecimento, tendo em vista que o título, por si só, configura o pleito jurisdicional de dívida líquida e certa.

O princípio da cartularidade (visto anteriormente) é condição necessária para a demanda da ação – exceto a duplicata, pela peculiaridade virtual, também já mencionada. A Lei n. 13.105, de 16 de março de 2015, em seu art. 784, discrimina que são títulos que dão origem à ação cambial "a letra de câmbio, a nota promissória, a duplicata, a debênture e o cheque" (Brasil, 2015).

> O prazo para ingressar com execução judicial poderá variar de acordo com cada título: **cheque** – 6 meses; **duplicata, nota promissória** e **letra de câmbio** – 3 anos.

6.4 Ação de regresso

Sobre a ação de regresso, cabe mencionar que, em regra, o direito de **regresso cambiário** se exerce pela totalidade, e não pela quota-parte do valor de obrigação. Nessa modalidade de ação, cabe à parte prejudicada alegar os prejuízos causados por meio do pagamento do título e ingressar com a ação.

O Superior Tribunal de Justiça (STJ) vem decidindo de forma precisa sobre esse tema. Por exemplo: furto ou roubo de veículo envolvendo seguradora e consumidor. Quando o veículo é segurado, não há dúvida: a seguradora contratada pelo consumidor tem de indenizá-lo, mesmo se o crime tiver ocorrido dentro de garagem.

Nas relações de consumo, para as quais valem as regras do Código de Defesa do Consumidor (CDC) – Lei n. 8.078, de 11 de setembro de 1990 (Brasil, 1990) –, o STJ entende que é proibida a denunciação da lide em todas as hipóteses de ação de regresso, conforme estabelece o art. 88 do CDC. Em um caso real, julgado pela Terceira Turma, depois de pagar a indenização, a seguradora ajuizou ação regressiva contra o estabelecimento garagista, que também tinha seguro.

Na decisão de primeiro grau, a regressiva foi julgada procedente e o dono do estacionamento teve de ressarcir, com correção monetária, os R$ 42,5 mil pagos pela seguradora. A Terceira Turma restabeleceu a sentença. Para os ministros, "não há como considerar o furto ou roubo de veículo causa excludente da responsabilidade das empresas que exploram o estacionamento de automóveis, na medida em que a obrigação de garantir a integridade do bem é inerente à própria atividade por elas desenvolvida" (Abdir, 2013).

6.5 Ação monitória

A ação monitória é um tipo de ação utilizado quando o título não pode ser mais executado – por exemplo, quando da perda de prazo, mencionada anteriormente.

O art. 1.102a da Lei n. 9.079, de 14 de julho de 1995, faz a definição legal: "A ação monitória compete a quem pretender, com base em prova escrita sem eficácia de título executivo, pagamento de soma em dinheiro, entrega de coisa fungível ou de determinado bem móvel" (Brasil, 1995).

> O **prazo** para ação monitória é de **cinco anos**. Tal entendimento é previsto no art. 206, parágrafo 5°, inciso I, do CC.
> A jurisprudência atual tem se manifestado a favor dessa modalidade de ação. Vejamos o exemplo as seguir, que envolve prestação de serviços educacionais.
> TJ-SP – Apelação APL 00110225320118260363 SP
> 0011022-53.2011.8.26.0363 (TJ-SP)
> Data de publicação: 30/06/2014

> Ementa: AÇÃO MONITÓRIA PRESTAÇÃO DE SERVIÇOS EDUCACIONAIS – CONTRATO INSTRUÍDO COM HISTÓRICO ESCOLAR E CERTIDÃO DE FREQUÊNCIA DO ALUNO INADIMPLENTE – SUFICIÊNCIA PARA O PLEITO MONITÓRIO CARÊNCIA AFASTADA CPC, ARTS. 1.102A e 1.102B. É suficiente à cobrança, pela via monitória, das prestações inadimplidas de serviços educacionais prestados pela faculdade a juntada do contrato instruído com o demonstrativo da dívida, prova do histórico escolar e certidão da frequência do aluno no curso com aprovação nas disciplinas que cursou. (TJ-SP, 2014, grifo nosso).

6.6 Meios de defesa

Cabe ao devedor e a seus coobrigados, quando eles existirem, alegar matéria de direito, como fraude ou falsificação de título, em sua defesa na execução judicial.

Todavia, esse tipo de defesa não abarca o que se chama de *matéria de fato*. Por essa nomenclatura, entendemos, por exemplo, a alegação de um desentendimento pessoal com o credor, o que poderá ser um motivo para não pagar o título.

> Exemplo prático
> O protesto demonstra a impontualidade do devedor. Sendo o título líquido, certo e exigível, temos como exemplos a fatura de cartão de crédito, o contrato de financiamento e rotativo de crédito, a carta de fiança e o desconto bancário.

Síntese

Neste capítulo, comentamos a aplicação do protesto para os títulos de crédito e suas fases de formalização, bem como o ingresso da ação cambial para cobrança, quando necessário.

Verificamos também que um dos motivos da criação da chamada *ação monitória* é favorecer ao credor a possibilidade de cobrança de um direito, munido de prova que assegure que houve uma obrigação. Assim, só cabe ação monitória quando há prova do negócio que gerou o título. Por exemplo: no caso de cheque, só cabe ação quando existe um documento (contrato etc.) que atesta por que ele foi emitido (nota fiscal de compra, na qual constam os dados do cheque, por exemplo).

Questões para revisão

1) (Cespe – 2007 – OAB) O portador que não tirar o protesto da duplicata, em forma regular e dentro de 30 (trinta) dias, contados da data de seu vencimento, perderá o direito de:
   a. ação contra o sacador e aceitante.
   b. regresso contra o sacador e seu endossante.
   c. regresso contra o aceitante e seu avalista.
   d. regresso contra os endossantes e seus respectivos avalistas.

2) (Vunesp – 2000 – OAB) O protesto de uma letra de câmbio pode ocorrer devido:
   a. ao seu não pagamento.
   b. à declaração de falência do credor.

c. ao seu extravio, de forma a viabilizar a emissão da segunda via.
d. à morte do devedor, de forma a torná-lo exigível junto ao espólio.

3) (ND – 2007 – OAB-RJ) Os atos extrajudiciais que interrompem a prescrição da pretensão à execução do emitente de cheque incluem:
a. devolução do cheque pelo sacado por insuficiência de fundos.
b. protesto cambial.
c. envio de correspondência notificando o não pagamento.
d. saque de duplicata à vista em substituição ao cheque devolvido.

4) O que é uma ação monitória?

5) Como se dá a anulação de um título de crédito?

Questões para reflexão

1) Para o estudo dos títulos de crédito, como devemos interpretar a Súmula n. 387 do STF?

> Súmula n. 387
> Cambial Emitida ou Aceita com Omissões, ou em Branco – **Complementação pelo Credor de Boa-Fé Antes da Cobrança ou do Protesto** – A cambial emitida ou aceita com omissões, ou em branco, pode ser completada pelo credor de boa-fé antes da cobrança ou do protesto. (STF, 1964, grifo nosso)

2) Quais são os principais requisitos para formalizar o protesto de título de crédito?

Consultando a legislação

De maneira a facilitar o estudo do capítulo, os principais serviços de protesto de títulos estão disponíveis na Lei n. 9.492/1997. Por meio do protesto, é possível comprovar a inadimplência de determinada pessoa, física ou jurídica, quando ela é devedora de um título de crédito ou de outro documento de dívida sujeito a protesto. Recomendamos a leitura, na íntegra, da lei que dispõe sobre a estrutura da ação monitória (Lei n. 9.079/1995). Trata-se de um instrumento processual colocado à disposição do credor que possui crédito comprovado por documento escrito e que pode ser levado a juízo para satisfação de seu pagamento:

BRASIL. Lei n. 9.079, de 14 de julho de 1995. **Diário Oficial da União**, Poder Legislativo, Brasília, DF, 17 jul. 1995. Disponível em: <http://www.planalto.gov.br/ccivil_03/leis/L9079.htm>. Acesso em: 15 mar. 2018.

BRASIL. Lei n. 9.492, de 10 de setembro de 1997. **Diário Oficial da União**, Poder Legislativo, Brasília, DF, 11 set. 1997. Disponível em: <http://www.planalto.gov.br/ccivil_03/leis/L9492.htm>. Acesso em: 15 mar. 2018.

VII

Noções elementares de direito bancário

Conteúdos do capítulo:

- » Noções de direito bancário.
- » Evolução histórica do direito bancário.
- » Conceito de direito bancário.
- » Classificação do direito bancário.
- » Operações bancárias.
- » Espécies.

Atualemtne, o direito bancário tem como parâmetro de aplicação legal, basicamente, a Lei n. 10.931, de 2 de agosto de 2004 (Brasil, 2004), e o Decreto n. 57.663, de 24 de janeiro de 1966 (Brasil, 1966) – a Lei Uniforme. A primeira lei dispõe sobre as regras da cédula de crédito bancário como uma modalidade do direito cambial e tem aplicação subsidiária da Lei Uniforme.

Dessa forma, a ciência jurídica bancária estabelece regras de operação, proporcionando a acumulação e a circulação de moeda. Por meio das atividades bancárias, torna-se viável o transporte financeiro da produção, com a obtenção dos recursos necessários. Assim, é possível fazer financiamentos para aquisição de matéria-prima, vendas a prazo de bens de consumo e prestação de serviços, por exemplo.

Outro detalhe importante é que o direito bancário passa também pelo controle estatal, embora seja uma atividade econômica privada. Daí tem-se o que se chama de *Sistema Financeiro Nacional* (SFN), que faz parte da classificação do direito bancário – matéria de estudo que será abordada oportunamente neste capítulo.

7.1 Evolução histórica do câmbio

> *No Brasil, vimos que o surgimento do Banco do Brasil, em 1808, representou um avanço significativo do direito bancário.*

Nos capítulos anteriores, verificamos que a evolução histórica do direito cambiário passou pela transformação da moeda como meio de unificar as relações jurídicas originadas do escambo (troca), da compra e da venda de mercadorias ou da prestação de serviços.

Dessa forma, é possível afirmar que, desde o surgimento da *Casa di San Giorgio*, em Gênova (Itália), no século XV, conhecida como a primeira sociedade anônima medieval, até o aparecimento da duplicata virtual do século XXI, constatamos diversas mudanças na matéria cambial.

No contexto nacional, o surgimento do Banco do Brasil, em 1808, representou um avanço significativo do direito bancário. Eram realizadas atividades de desconto de letras de câmbio, sacadas ou aceitas por negociantes de crédito nacional ou por estrangeiros. Além disso, aconteciam depósito geral de prata, ouro, diamante ou dinheiro, saques por conta de terceiros, cobranças e emissão de letras ou bilhetes, pagáveis ao portador à vista ou após certo prazo.

7.2 Conceito de direito bancário

A abordagem conceitual do direito bancário se confunde com sua finalidade, uma vez que sua importância está relacionada ao papel que a atividade bancária exerce para a sociedade empresarial. Para Nelson Abrão (2010, p. 33), o direito bancário é o "ramo do direito empresarial (ainda que o art. 119 do Código Comercial tenha sido revogado pelo Código Civil em vigor) que regula as operações de banco e as atividades daqueles que as praticam em caráter profissional".

Dessa forma, entendemos que o direito bancário exerce forte influência no direito empresarial, colaborando para as mais diversificadas relações cambiárias, o que fortalece a organização e o lucro das sociedades empresariais. É por meio do direito bancário que se desenvolvem as atividades empresárias, como atos ou contratos executados por instituições financeiras, sendo estes comumente chamados de *operações bancárias*.

7.3 Classificação do direito bancário

Como já mencionamos, na legislação brasileira, o direito bancário tem regulação estatal, ao menos por enquanto. Assim, o SFN é constituído por órgãos que regulam, fiscalizam e executam as operações relativas à circulação da moeda e do crédito.

Nesta seção, estudaremos as operações bancárias propriamente ditas, bem como quem são os sujeitos responsáveis por tais procedimentos.

Conselho Monetário Nacional

O Conselho Monetário Nacional (CMN) representa o órgão superior do SFN. Foi criado pela Lei n. 4.595, de 31 de dezembro de 1964, e sofreu algumas alterações ao longo do tempo (Brasil, 1965).

Seu principal objetivo é criar diretrizes políticas de moeda e de crédito, estabilizando a moeda e o desenvolvimento econômico e social. Sua composição atual inclui:

» o ministro da Fazenda, como presidente do Conselho;
» o ministro do Planejamento, Orçamento e Gestão;
» e o presidente do Banco Central do Brasil (BCB).

> *O principal objetivo do CMN é criar diretrizes políticas de moeda e de crédito, estabilizando a moeda e o desenvolvimento econômico e social.*

Observamos que os membros do CMN são representantes do Poder Executivo e, pela sua natureza jurídica, deliberam sobre assuntos de competência do Conselho por meio de resoluções e instruções normativas. Estas últimas são normas consideradas infraconstitucionais, ou seja, estão abaixo da Constituição Federal Brasileira.

Banco Central do Brasil

Para Abrão (2010), o BCB tem sua atuação direcionada no sentido da busca pela estabilidade da moeda e da contenção do processo inflacionário.

É um órgão autárquico que representa a administração pública indireta do Poder Executivo – ou seja, apresenta autonomia e recursos próprios, embora a indicação para a presidência do órgão esteja vinculada ao Ministério da Fazenda.

Instituições financeiras

As instituições financeiras representam pessoas jurídicas públicas ou privadas que intercedem recursos financeiros próprios ou de terceiros, visando ao lucro e à proteção ao patrimônio dos investidores. Sua estruturação e seu funcionamento estão previstos conforme autorização do BCB ou no decreto do Poder Executivo.

Observemos o que diz o art. 18, parágrafo 1º, da Lei n. 4.595, de 31 de dezembro de 1964, que dispõe sobre a política e as instituições monetárias, bancárias e creditícias, cria o conselho monetário nacional e dá outras providências:

> Art. 18. As instituições financeiras somente poderão funcionar no País mediante prévia autorização do Banco Central da República do Brasil ou decreto do Poder Executivo, quando forem estrangeiras.
> § 1º Além dos estabelecimentos bancários oficiais ou privados, das sociedades de crédito, financiamento e investimentos, das caixas econômicas e das cooperativas de crédito ou a seção de crédito das cooperativas que a tenham, também se subordinam
> às disposições e disciplina desta lei no que for aplicável, as bolsas de valores, companhias de seguros e de capitalização, as sociedades que efetuam distribuição de prêmios em imóveis, mercadorias ou dinheiro, mediante sorteio de títulos de sua emissão ou por qualquer forma, e as pessoas físicas ou jurídicas que exerçam, por conta própria ou de terceiros, atividade relacionada com a compra e venda de ações e outros quaisquer títulos, realizando nos mercados financeiros e de capitais operações ou serviços de natureza dos executados pelas instituições financeiras. (Brasil, 1965)

Concluímos que a fiscalização é feita pelo BCB, podendo ser dividida em três categorias:

1. **Banco do Brasil** – Representa uma pessoa jurídica do tipo sociedade de economia mista, sujeita ao controle da União e à supervisão do CMN, constituída sob a forma societária de uma sociedade por ações. Seu objetivo é servir de agente financeiro do Tesouro Nacional e de principal executor dos serviços bancários de interesse do governo federal e de suas autarquias. Quanto a sua natureza jurídica, o Decreto n. 7.864, de 19 de dezembro de 2012, regulamenta a composição, a indicação e a eleição dos membros que representam o Banco do Brasil (Brasil, 2012a).
2. **Instituições financeiras públicas** – Representam os bancos públicos mantidos pelo governo federal ou por governos estaduais. Têm como principal objetivo a execução da política creditícia dos respectivos governos. O Banco Nacional de Desenvolvimento Econômico e Social **(BNDES)** é um exemplo de intervenção estatal financeira para projeções de políticas públicas e demais incentivos de financiamento de longo prazo, em questões sociais, regionais ou ambientais.
3. **Instituições financeiras privadas** – São representadas pelos bancos e por cooperativas de crédito. Os bancos são constituídos como sociedades anônimas, com exceção das cooperativas de crédito, que apresentam forma jurídica própria, ou seja, estão previstas na Lei Complementar n. 130, de 17 de abril de 2009. Esta dispõe sobre o Sistema Nacional de Crédito Cooperativo, revogando alguns dispositivos da Lei n. 5.764, de 16 de dezembro de 1971, que institui o regime jurídico das cooperativas (Brasil, 1971).

As cooperativas de crédito não podem usar a expressão banco, pois esta é de uso privativo das instituições financeiras, conforme a Lei das Cooperativas, como consta no art. 5º, parágrafo único, da Lei n. 5.764/1971.

Pesquisas recentes da Federação Brasileira de Bancos (Febraban) comprovam que as operações bancárias por dispositivos móveis, como celular e *tablets* (o *mobile banking*), e pela internet já respondem por mais da metade das operações no Brasil (CRC-SC, 2014).

É possível, assim, afirmar que são operações realizadas em grande escala e com os avanços tecnológicos que auxiliam sua agilidade e sua eficácia. O uso do Código de Defesa do Consumidor (CDC) – Lei n. 8.078, de 11 de setembro de 1990 – é ponto pacífico dos doutrinadores no que diz respeito à aplicação de regulamentos para as operações bancárias (Brasil, 1990).

Tal relação contratual de consumo está prevista quando se tem como alicerce um contrato de adesão com o banco, seja como correntista, seja como terceiro, capaz de aceitar uma relação de consumo. Em outros termos, de um lado está a instituição financeira, e, de outro, o consumidor, pessoa física ou jurídica.

7.4 Espécies

As espécies mencionadas por vários juristas especializados em matéria financeira e tributária representam a instrumentalização das operações bancárias. São, portanto, ações corriqueiras da vida cotidiana da pessoa física ou jurídica que utiliza o banco como um intermediário na operação.

Elencamos, a seguir, as principais modalidades:

1. **Depósitos** – Fábio Ulhoa Coelho (2014) considera que o depósito é a operação mais comum dos contratos bancários. Ele o conceitua como "contrato pelo qual uma pessoa (depositante) entrega valores monetários ao banco, que se obriga a restituí-los quando solicitados" (Coelho, 2014, p. 499). Dessa forma, entendemos que as partes e o objeto do contrato bancário estão

explícitos quando se define o depósito bancário como um elemento do contrato de confiança entre o depositante e a figura passiva do banco. Em síntese, é o elemento do contrato que representa a fidúcia entre o depositante e a instituição financeira, que, nesse caso, constitui-se a devedora na relação jurídica.

2. **Conta-corrente bancária** – Essa espécie de operação representa a chamada *abertura de crédito*, ou seja, quando a instituição financeira disponibiliza determinada quantia em dinheiro (limite ou conta garantia) ao correntista para que ele possa utilizá-la, se desejar. Cabe mencionar que o Superior Tribunal de Justiça (STJ) assegura que só se pode cobrar esse tipo de contrato, quando há inadimplência, por meio de ação monitória, e não por processo de execução:

> Súmula n. 233
> O contrato de abertura de crédito, ainda que acompanhado de extrato da conta-corrente, não é título executivo.
> (STJ, 2000)

> Súmula n. 247
> O contrato de abertura de crédito em conta-corrente, acompanhado do demonstrativo de débito, constitui documento hábil para o ajuizamento da ação monitória. (STJ, 2001a)

3. **Desconto bancário** – Essa operação bancária é também chamada, popularmente, de *desconto comercial* ou *por fora*. É quando a instituição financeira utiliza o valor nominal do título e faz um cálculo de juros simples. Sendo assim, o banco antecipa para o cliente o valor dos ativos, deduzidos os juros, e entrega o valor líquido, que normalmente é creditado em conta-corrente.

4. **Mútuo bancário** – Segundo Miranda (2014), "É o contrato pelo qual o banco empresta ao cliente certa quantia em dinheiro, para ser devolvida dentro de um determinado prazo com o pagamento dos juros". A definição legal dessa espécie de operação bancária está prevista no Código Civil (CC) brasileiro – Lei n. 10.406, de 10 de janeiro de 2002.

> Art. 586. O mútuo é o empréstimo de coisas fungíveis[*]. O mutuário é obrigado a restituir ao mutuante o que dele recebeu em coisa do mesmo gênero, qualidade e quantidade.
> Art. 587. Este empréstimo transfere o domínio da coisa emprestada ao mutuário, por cuja conta correm todos os riscos dela desde a tradição. (Brasil, 2002)

Assim, o banco atua no polo como credor de um crédito, ou seja, de certo valor emprestado a determinada pessoa. Esta, por sua vez, compromete-se, por meio de um contrato, a devolver o valor emprestado pagando certas taxas que foram acordadas.

Diante dessa breve explanação, tudo parece funcionar tranquilamente. No entanto, isso é um ledo engano, pois muitas são as ações contra os bancos por clientes que se sentem lesados com a cobrança de determinadas taxas.

Um exemplo concreto dessa situação é o financiamento de casa própria. A matéria tem sido analisada frequentemente pelos tribunais superiores quanto à majoração de juros abusivos referente a essa espécie de operação bancária. A Súmula n. 379 do STJ (2009c) esclarece: "Nos contratos bancários não regidos por legislação específica, os juros moratórios poderão ser convencionados até o limite de 1% ao mês".

---

* As **coisas fungíveis** são os móveis que podemos substituir por outros da mesma espécie, qualidade e quantidade, na forma do art. 85 do CC de 2002.

Também precisamos mencionar a proteção legal à linguagem clara dos contratos observados pelo CDC:

> Art. 46. Os contratos que regulam as relações de consumo não obrigarão os consumidores, se não lhes for dada a oportunidade de tomar conhecimento prévio de seu conteúdo, ou se os respectivos instrumentos forem redigidos de modo a dificultar a compreensão de seu sentido e alcance.
> (Brasil, 1990, grifo nosso)

Portanto, quando não há previsão expressa dos juros compensatórios, a instituição financeira ou o banco não podem praticar tal cobrança. A seguir, expomos uma recente decisão do STJ (2013) sobre a inobservância da linguagem dos contratos de forma clara e precisa:

> AGRAVO REGIMENTAL EM AGRAVO (ART. 544, DO CPC) – AÇÃO REVISIONAL DE CONTRATO DE MÚTUO – DECISÃO MONOCRÁTICA QUE NEGOU PROVIMENTO AO AGRAVO EM RECURSO ESPECIAL. INCONFORMISMO DA CASA BANCÁRIA.
> 1. O Código de Defesa do Consumidor tem incidência nos contratos de mútuo celebrados perante instituição financeira (Súmula 297 do STJ), o que permite a revisão das cláusulas abusivas neles inseridas, a teor do que preconiza o art. 51, IV, do mencionado diploma legal, entendimento devidamente sufragado na Súmula 286 deste STJ.
> 2. Tribunal de origem que, no tocante à capitalização de juros, inadmitiu a cobrança do encargo com base em fundamentos distintos e autônomos, constitucionais e infraconstitucionais, aptos a manterem, por si próprios, o acórdão objurgado. Incidência da Súmula 126 do STJ, ante a não impugnação por recurso extraordinário da matéria constitucional.

> 3. Incidência do óbice da Súmula 283/STF. Apelo extremo que, no tocante à capitalização de juros, não impugnou fundamento hábil, por si só, a manter a solução jurídica adotada no acórdão hostilizado.
> 4. Nos termos do entendimento proclamado no REsp n. 1.058.114/RS, julgado como recurso repetitivo, admite-se a cobrança da comissão de permanência durante o período de inadimplemento contratual, desde que expressamente pactuada e não cumulada com os encargos moratórios.
> 5. Ausente o instrumento contratual (art. 359, do CPC), os juros remuneratórios devem ser limitados à taxa média do mercado no período da contratação.
> 6. Verificada, na hipótese, a existência de encargo abusivo no período da normalidade do contrato, resta descaracterizada a mora do devedor.
> 7. A fixação da verba honorária foi realizada com amparo nos elementos fáticos da causa, razão pela qual é vedado, em sede de recurso especial, o seu reexame nos termos da Súmula 07 do STJ.
> 8. Agravo regimental desprovido.

Exemplo prático

As operações bancárias envolvem uma série de operações complexas. No entanto, para efeito de atividades bancárias, o STJ já pacificou a questão ao inserir a aplicação do CDC para dirimir conflitos. Consta na Súmula n. 297 do STJ: "O Código de Defesa do Consumidor é aplicável às instituições financeiras" (STJ, 2004c).

Síntese

Neste capítulo, demonstramos que as operações bancárias são as principais atividades empresariais da atualidade. O direito bancário, na qualidade de ciência jurídica, representa um sub-ramo do direito empresarial, sendo que a observância do CDC norteia esse tipo de relação jurídica.

Cabe mencionar, ainda, que o STJ se posicionou sobre a matéria considerando que o CDC deverá ser aplicado para as instituições financeiras, sem prejuízo também aos danos gerados aos consumidores em caso de fraudes ou falhas internas. Repare na redação dos textos das Súmulas 297 e 479 do STJ:

> Súmula n. 297
> O Código de Defesa do Consumidor é aplicável às instituições financeiras. (Brasil, 2004c)

> Súmula n. 479
> As instituições financeiras respondem objetivamente pelos danos gerados por fortuito interno relativo a fraudes e delitos praticados por terceiros no âmbito de operações bancárias. (STJ, 2018)

Questões para revisão

1) (Cesgranrio – 2012 – CEF) O Sistema Financeiro Nacional é composto por diversas entidades, entre as quais os órgãos normativos, os operadores e as entidades supervisoras. A entidade responsável pela fiscalização das instituições financeiras e pela autorização do seu funcionamento é o:

a. Banco Central do Brasil.
b. Conselho Monetário Nacional.
c. Fundo Monetário Internacional.
d. Conselho Nacional de Seguros Privados.
e. Banco Nacional do Desenvolvimento Econômico e Social (BNDES).

2) (Cesgranrio – 2011 – BNDES) O Banco Central do Brasil tem várias funções e características operacionais. Entre elas, a de que:
   a. obtém recursos exclusivamente dos depósitos compulsórios dos bancos.
   b. aprova o orçamento do setor público antes de executar a política monetária.
   c. financia os investimentos em infraestrutura logística do país.
   d. regula o funcionamento de todos os mercados de ativos no país.
   e. regula os serviços de compensação de cheques.

3) Qual é a principal função do Banco Central do Brasil?

4) Que órgão regula e fiscaliza os serviços de pagamentos vinculados ao cartão de crédito?

5) (Acep – 2004 – BNB) Marque a alternativa correta sobre as características e as atribuições legais das instituições financeiras pertencentes ao Sistema Financeiro Nacional:
   a. Consideram-se instituições financeiras as pessoas jurídicas públicas e privadas que tenham como atividade principal a intermediação de recursos financeiros próprios.
   b. As instituições financeiras somente poderão funcionar no País mediante prévia autorização do Banco Central do

Brasil ou por decreto do Poder Executivo, quando forem estrangeiras.

c. As instituições financeiras públicas federais, por sua personalidade jurídica, não estão sujeitas às mesmas disposições relativas às instituições financeiras privadas.

d. É permitido às instituições financeiras conceder empréstimos e adiantamentos a diretores e membros do conselho de administração, na condição de eles possuírem, pelo menos, 20% do capital da instituição.

e. As instituições financeiras podem manter aplicações ilimitadas em bens imóveis.

Questões para reflexão

1) A Constituição Federal de 1988 consagra dispositivos importantes para a atuação do BCB, como o do exercício exclusivo da competência para emitir moeda em nome da União. A política econômica, que abrange a política monetária, tem relevância na atuação do BCB. Relativamente às políticas econômica e monetária, qual é sua opinião sobre essa atuação?

2) Qual é a importância da Lei n. 8.078/1990 (Código de Defesa do Consumidor – CDC) e das relações bancárias?

Consultando a legislação

Com o objetivo de agilizar e tornar eficazes as operações bancárias, a Lei n. 10.931/2004 criou, por exemplo, a cessão de créditos vinculados a negócios imobiliários. Dessa maneira, é um documento representativo do crédito originado pela compra e venda de imóvel e, ainda, de toda espécie de crédito imobiliário com pagamento parcelado. É emitido por qualquer credor, com a finalidade de facilitar e simplificar a cessão de crédito, abrangendo toda a espécie de crédito imobiliário – hipotecário, fiduciário, originado de promessa de compra e venda ou qualquer outro tipo de crédito vinculado à negociação de imóveis, emitido em favor de qualquer pessoa. Outra legislação em destaque é a circular de normas do Banco Central do Brasil (BCB), que dispõe sobre a atuação das empresas estrangeiras no país. Dedicamos também um espaço para a aplicação do Código de Defesa do Consumidor (CDC) – Lei n. 8.078/1990 – sobre matéria bancária. Trata-se de um instrumento legal de grande utilidade para fiscalizar as ações dos bancos e das instituições financeiras em relação ao consumidor (pessoa física ou jurídica).

BCB – Banco Central do Brasil. Circular n. 3.689, de 16 de dezembro de 2013. **Diário Oficial da União**, Poder Legislativo, Brasília, DF, 17 dez. 2013. Disponível em: <http://www.bcb.gov.br/pre/normativos/circ/2013/pdf/circ_3689_v1_0.pdf>. Acesso em: 10 abr. 2018.

BRASIL. Decreto n. 6.022, de 22 de janeiro de 2007. **Diário Oficial da União**, Poder Executivo, Brasília, DF, 22 jan. 2007. Disponível em: <http://www.planalto.gov.br/ccivil_03/_ato2007-2010/2007/decreto/d6022.htm>. Acesso em: 15 mar. 2018.

BRASIL. Lei n. 8.078, de 11 de setembro de 1990. **Diário Oficial da União**, Poder Legislativo, Brasília, DF, 12 set. 1990. Disponível em: <http://www.planalto.gov.br/ccivil_03/leis/l8078.htm>. Acesso em: 18 mar. 2018.

BRASIL. Lei n. 10.931, de 2 de agosto de 2004. **Diário Oficial da União**, Poder Legislativo, Brasília, DF, 3 ago. 2004. Disponível em: <http://www.planalto.gov.br/ccivil_03/_ato2004-2006/2004/lei/l10.931.htm>. Acesso em: 15 mar. 2018.

considerações finais

Finalizamos esta obra reiterando a você, leitor, a atualidade desse ramo do direito tão importante: o direito empresarial. A formação de novas sociedades empresárias e a modernidade dos títulos de crédito são exemplos claros das transformações que vêm ocorrendo nessa área.

Compreendemos que há uma necessidade precípua de que o estudo dessa matéria venha acompanhado da atualização de jurisprudências e doutrinas modernas sobre o assunto. Ademais, o conhecimento das legislações específicas em matéria empresarial é marco inicial obrigatório para entendermos as mudanças ocorridas no mundo e em nosso país ao longo do tempo.

É nossa intenção que os temas abordados aqui sejam objeto de estudo não só para a carreira do egresso contábil ou de ciências correlatas, mas também que sejam utilizados como ferramentas de estudo para a vida acadêmica e em concursos. Além disso, eles podem auxiliar no esclarecimento de dúvidas sobre a matéria empresarial, que, a cada ano, tem se mostrado inovadora e dinâmica.

Dessa maneira, esperamos que esta obra possa servir como jornada inicial de debates e questionamentos sobre a ciência jurídica empresarial.

BDIR – Academia Brasileira de Direito. **A jurisprudência do STJ sobre ação regressiva**. 2013. Disponível em: <http://abdir.jusbrasil.com.br/noticias/100303322/a-jurisprudencia-do-stj-sobre-acao-regressiva>. Acesso em: 10 abr. 2018.

ABRÃO, N. **Direito bancário**. 13. ed. São Paulo: Saraiva, 2010.

ALVES, M. S. Regular criptomoedas é tarefa intergovernamental, diz professor de Coimbra. **ConJur**, 15 maio 2022. Disponível em: <https://www.conjur.com.br/2022-mai-15/regular-criptomoedas-tarefa-intergovernamental-professor>. Acesso em: 30 jun. 2022.

BARRETO FILHO, O. **Teoria do estabelecimento comercial**: fundo de comércio ou fazenda mercantil. 2. ed. São Paulo: Saraiva, 1988.

BRASIL. Constituição (1988). **Diário Oficial da União**, Poder Legislativo, Brasília, DF, 5 out. 1988. Disponível em: <http://www.planalto.gov.br/ccivil_03/Constituicao/Constituicao.htm>. Acesso em: 2 abr. 2018.

BRASIL. Decreto n. 2.044, de 31 de dezembro de 1908. **Coleção de Leis do Brasil**, Poder Legislativo, Rio de Janeiro, 1908. Disponível em: <http://www.planalto.gov.br/ccivil_03/decreto/historicos/dpl/DPL2044-1908.htm>. Acesso em: 6 abr. 2018.

BRASIL. Decreto n. 6.022, de 22 de janeiro de 2007. **Diário Oficial da União**, Poder Executivo, Brasília, DF, 22 jan. 2007. Disponível em: <http://www.planalto.gov.br/ccivil_03/_ato2007-2010/2007/decreto/d6022.htm>. Acesso em: 3 abr. 2018.

BRASIL. Decreto n. 7.864, de 19 de dezembro de 2012. **Diário Oficial da União**, Poder Executivo, Brasília, DF, 20 dez. 2012a. Disponível em: <http://www.planalto.gov.br/ccivil_03/_Ato2011-2014/2012/Decreto/D7864.htm>. Acesso em: 10 abr. 2018.

BRASIL. Decreto n. 7.979, de 8 de abril de 2013. **Diário Oficial da União**, Poder Executivo, Brasília, DF, 9 abr. 2013. Disponível em: <http://www.planalto.gov.br/ccivil_03/_Ato2011-2014/2013/Decreto/D7979.htm>. Acesso em: 3 abr. 2018.

BRASIL. Decreto n. 57.663, de 24 de janeiro de 1966. **Diário Oficial da União**, Poder Executivo, Brasília, DF, 31 jan. 1966. Disponível em: <http://www.planalto.gov.br/ccivil_03/decreto/Antigos/D57663.htm>. Acesso em: 6 abr. 2018.

BRASIL. Decreto-Lei n. 5.452, de 1º de maio de 1943. **Diário Oficial da União**, Poder Executivo, Rio de Janeiro, 1943. Disponível em: <http://www.planalto.gov.br/ccivil_03/decreto-lei/Del5452.htm>. Acesso em: 2 abr. 2018.

BRASIL. Decreto-Lei n. 9.295, de 27 de maio de 1946. **Diário Oficial da União**, Poder Executivo, Rio de Janeiro, 28 maio 1946. Disponível em: <http://www.planalto.gov.br/ccivil_03/LEIS/L5474.htm>. Acesso em: 3 abr. 2018.

BRASIL. Instrução Normativa Drei n. 38, de 2 de março de 2017. **Diário Oficial da União**, Poder Legislativo, Brasília, DF, 3 mar. 2017a. Disponível em: <http://drei.mdic.gov.br/clientes/drei/drei/documentos/instrucao-normativa-no-38-retificacao.pdf>. Acesso em: 14 mar. 2018.

BRASIL. Lei n. 556, de 25 de junho de 1850. **Coleção de Leis do Império do Brasil**, Poder Executivo, Rio de Janeiro, 1850. Disponível em: <https://www.planalto.gov.br/ccivil_03/leis/lim/lim556.htm>. Acesso em: 2 abr. 2018.

BRASIL. Lei n. 4.595, de 31 de dezembro de 1964. **Diário Oficial da União**, Poder Executivo, Brasília, DF, 31 dez. 1964. Disponível em: <http://www.planalto.gov.br/ccivil_03/leis/L4595.htm>. Acesso em: 10 abr. 2018.

BRASIL. Lei n. 5.474, de 18 de julho de 1968. **Diário Oficial da União**, Poder Executivo, Brasília, DF, 19 jul. 1968. Disponível em: <http://www.planalto.gov.br/ccivil_03/LEIS/L5474.htm>. Acesso em: 6 abr. 2018.

BRASIL. Lei n. 5.764, de 16 de dezembro de 1971. **Diário Oficial da União**, Poder Executivo, Brasília, DF, 16 dez. 1971. Disponível em: <http://www.planalto.gov.br/ccivil_03/leis/L5764.htm>. Acesso em: 10 abr. 2018.

BRASIL. Lei n. 5.869, de 11 de janeiro de 1973. **Diário Oficial da União**, Poder Executivo, Brasília, DF, 17 jan. 1973. Disponível em: <http://www.planalto.gov.br/ccivil_03/leis/L5869.htm>. Acesso em: 10 abr. 2018.

BRASIL. Lei n. 6.099, de 12 de setembro de 1974. **Diário Oficial da União**, Poder Executivo, Brasília, DF, 13 set. 1974. Disponível em: <http://www.planalto.gov.br/ccivil_03/leis/l6404consol.htm>. Acesso em: 6 abr. 2018.

BRASIL. Lei n. 6.404, de 15 de dezembro de 1976. **Diário Oficial da União**, Poder Executivo, Brasília, DF, 17 dez. 1976. Disponível em: <http://www.planalto.gov.br/ccivil_03/leis/l6404consol.htm>. Acesso em: 6 abr. 2018.

BRASIL. Lei n. 7.357, de 2 de setembro de 1985. **Diário Oficial da União**, Poder Legislativo, Brasília, DF, 3 set. 1985. Disponível em: <http://www.planalto.gov.br/ccivil_03/leis/l7357.htm>. Acesso em: 10 abr. 2018.

BRASIL. Lei n. 8.078, de 11 de setembro de 1990. **Diário Oficial da União**, Poder Legislativo, Brasília, DF, 12 set. 1990. Disponível em: <http://www.planalto.gov.br/ccivil_03/leis/l8078.htm>. Acesso em: 3 abr. 2018.

BRASIL. Lei n. 8.112, de 11 de dezembro de 1990. **Diário Oficial da União**, Poder Executivo, Brasília, DF, 19 abr. 1991a. Disponível em: <http://www.planalto.gov.br/CCIVIL_03/leis/L8112cons.htm>. Acesso em: 3 abr. 2018.

BRASIL. Lei n. 8.245, de 18 de outubro de 1991. **Diário Oficial da União**, Poder Executivo, Brasília, DF, 21 out. 1991b. Disponível em: <http://www.planalto.gov.br/ccivil_03/leis/l8245.htm>. Acesso em: 3 abr. 2018.

BRASIL. Lei n. 8.666, de 21 de junho de 1993. **Diário Oficial da União**, Poder Legislativo, Brasília, DF, 22 jun. 1993. Disponível em: <https://www.planalto.gov.br/ccivil_03/leis/l8666cons.htm>. Acesso em: 5 abr. 2018.

BRASIL. Lei n. 9.079, de 14 de julho de 1995. **Diário Oficial da União**, Poder Executivo, Brasília, DF, 17 jul. 1995. Disponível em: <http://www.planalto.gov.br/ccivil_03/leis/L9079.htm>. Acesso em: 10 abr. 2018.

BRASIL. Lei n. 9.492, de 10 de setembro de 1997. **Diário Oficial da União**, Poder Legislativo, Brasília, DF, 11 set. 1997. Disponível em: <http://www.planalto.gov.br/ccivil_03/leis/L9492.htm>. Acesso em: 10 abr. 2018.

BRASIL. Lei n. 9.867, de 10 de novembro de 1999. **Diário Oficial da União**, Poder Legislativo, Brasília, DF, 11 nov. 1999. Disponível em: <http://www.planalto.gov.br/ccivil_03/Leis/L9867.htm>. Acesso em: 10 abr. 2018.

BRASIL. Lei n. 10.406, de 10 de janeiro de 2002. **Diário Oficial da União**, Poder Legislativo, Brasília, DF, 11 jan. 2002. Disponível em: <http://www.planalto.gov.br/ccivil_03/LEIS/2002/L10406.htm>. Acesso em: 2 abr. 2018.

BRASIL. Lei n. 10.931, de 2 de agosto de 2004. **Diário Oficial da União**, Poder Legislativo, Brasília, DF, 3 ago. 2004. Disponível em: <http://www.planalto.gov.br/ccivil_03/_ato2004-2006/2004/lei/l10.931.htm>. Acesso em: 6 abr. 2018.

BRASIL. Lei n. 11.101, de 9 de fevereiro de 2005. **Diário Oficial da União**, Poder Executivo, Brasília, DF, 9 fev. 2005a. Disponível em: <http://www.planalto.gov.br/ccivil_03/_ato2004-2006/2005/lei/l11101.htm>. Acesso em: 3 abr. 2018.

BRASIL. Lei n. 11.196, de 21 de novembro de 2005. **Diário Oficial da União**, Poder Executivo, Brasília, DF, 22 nov. 2005b. Disponível em: <http://www.planalto.gov.br/ccivil_03/_ato2004-2006/2005/lei/l11196.htm>. Acesso em: 6 abr. 2018.

BRASIL. Lei n. 11.784, de 22 de setembro de 2008. **Diário Oficial da União**, Poder Executivo, Brasília, DF, 23 set. 2008. Disponível em: <http://www.planalto.gov.br/ccivil_03/_ato2007-2010/2008/lei/l11784.htm>. Acesso em: 3 abr. 2018.

BRASIL. Lei n. 12.441, de 11 de julho de 2011. **Diário Oficial da União**, Poder Legislativo, Brasília, DF, 12 jul. 2011. Disponível em: <http://www.planalto.gov.br/ccivil_03/_ato2011-2014/2011/lei/l12441.htm>. Acesso em: 2 abr. 2018.

BRASIL. Lei n. 12.690, de 19 de julho de 2012. **Diário Oficial da União**, Poder Legislativo, Brasília, DF, 20 jul. 2012b. Disponível em: <http://www.planalto.gov.br/ccivil_03/_Ato2011-2014/2012/Lei/L12690.htm>. Acesso em: 2 abr. 2018.

BRASIL. Lei n. 12.973, de 13 de maio de 2014. **Diário Oficial da União**, Poder Executivo, Brasília, DF, 14 maio 2014. Disponível em: <http://www.planalto.gov.br/ccivil_03/_ato2011-2014/2014/lei/l12973.htm>. Acesso em: 6 abr. 2018.

BRASIL. Lei n. 13.105, de 16 de março de 2015. **Diário Oficial da União**, Poder Legislativo, Brasília, DF, 17 mar. 2015. Disponível em: <http://www.planalto.gov.br/ccivil_03/_ato2015-2018/2015/lei/l13105.htm>. Acesso em: 16 abr. 2018.

BRASIL. Lei n. 13.467, de 13 de julho de 2017. **Diário Oficial da União**, Poder Legislativo, Brasília, DF, 14 jul. 2017b. Disponível em: <http://www.planalto.gov.br/ccivil_03/_ato2015-2018/2017/lei/L13467.htm>. Acesso em: 30 jun. 2022.

BRASIL. Lei n. 13.874, de 20 de setembro de 2019. **Diário Oficial da União**, Poder Executivo, Brasília, DF, 20 set. 2019. Disponível em: <http://www.planalto.gov.br/ccivil_03/_ato2019-2022/2019/lei/L13874.htm>. Acesso em: 28 jun. 2022.

BRASIL. Lei n. 14.112, de 24 de dezembro de 2020. **Diário Oficial da União**, Poder Legislativo, Brasília, DF, 24 dez. 2020. Disponível em: <http://www.planalto.gov.br/ccivil_03/_ato2019-2022/2020/lei/L14112.htm#:~:text=LEI%20N%C2%BA%2014.112%2C%20DE%2024%20DE%20DEZEMBRO%20DE%202020&text=Altera%20as%20Leis%20n%20os,empres%C3%A1rio%20e%20da%20sociedade%20empres%C3%A1ria.>. Acesso em: 28 jun. 2022.

BRASIL. Lei n. 14.195, de 26 de agosto de 2021. **Diário Oficial da União**, Poder Executivo, Brasília, DF, 27 ago. 2021a. Disponível em: <http://www.planalto.gov.br/ccivil_03/_ato2019-2022/2021/lei/L14195.htm>. Acesso em: 28 jun. 2022.

BRASIL. Lei n. 14.292, de 3 de janeiro de 2022. **Diário Oficial da União**, Poder Executivo, Brasília, DF, 4 jan. 2022. Disponível em: <http://www.planalto.gov.br/ccivil_03/_ato2019-2022/2022/lei/L14292.htm>. Acesso em: 28 jun. 2022.

BRASIL. Lei n. 14.297, de 5 de janeiro de 2022. **Diário Oficial da União**, Poder Legislativo, Brasília, DF, 6 jan. 2022. Disponível em: <http://www.planalto.gov.br/ccivil_03/_ato2019-2022/2022/lei/L14297.htm#:~:text=LEI%20N%C2%BA%2014.297%2C%20DE%205%20DE%20JANEIRO%20DE%202022&text=Disp%C3%B5e%20sobre%20medidas%20de%20prote%C3%A7%C3%A3o,coronav%C3%ADrus%20respons%C3%A1vel%20pela%20covid%2D19.>. Acesso em: 28 jun. 2022.

BRASIL. Lei Complementar n. 130, de 17 de abril de 2009. **Diário Oficial da União**, Poder Legislativo, Brasília, DF, 17 abr. 2009. Disponível em: <http://www.planalto.gov.br/CCIVIL_03/leis/LCP/Lcp130.htm>. Acesso em: 10 abr. 2018.

BRASIL. Lei Complementar n. 155, de 27 de outubro de 2016. **Diário Oficial da União**, Poder Legislativo, Brasília, DF, 28 out. 2016. Disponível em: <http://www.planalto.gov.br/ccivil_03/leis/LCP/Lcp155.htm>. Acesso em: 3 abr. 2018.

BRASIL. Lei Complementar n. 182, de 1º de junho de 2021. **Diário Oficial da União**, Poder Executivo, Brasília, DF, 2 jun. 2021b. Disponível em: <http://www.planalto.gov.br/ccivil_03/leis/lcp/Lcp182.htm>. Acesso em: 29 jun. 2022.

BRASIL. Medida Provisória n. 2.200-2, de 24 de agosto de 2001. **Diário Oficial da União**, Poder Executivo, Brasília, DF, 27 ago. 2001. Disponível em: <http://www.planalto.gov.br/ccivil_03/mpv/Antigas_2001/2200-2.htm>. Acesso em: 6 abr. 2018.

BRASIL. Ministério da Fazenda. Receita Federal. **Formulários. Modelo de procuração pessoa jurídica.** Disponível em: <http://idg.receita.fazenda.gov.br/formularios/outros-assuntos/procuracoes/modelo-deprocuracao-pessoa-juridica.doc/view>. Acesso em: 6 abr. 2018.

BRASIL. Senado Federal. Projeto de Lei Complementar n. 108/2021: altera a Lei Complementar n. 123, de 14 de dezembro de 2006, para permitir o enquadramento como Microempreendedor Individual (MEI) pessoa com receita bruta anual igual ou inferior a R$ 130.000,00 (cento e trinta mil reais), bem como para possibilitar que o MEI possa contratar até dois empregados. Brasília, DF, 2021c. Disponível em: <https://www25.senado.leg.br/web/atividade/materias/-/materia/149107>. Acesso em: 29 jun. 2022.

CALDEIRA, J. P. A história da bolha financeira das tulipas na Holanda. **Revista GGN**, 20 fev. 2014. Economia. Disponível em: <https://jornalggn.com.br/noticia/a-historia-da-bolha-financeira das-tulipas-na-holanda>. Acesso em: 6 abr. 2018.

CFC – Conselho Federal de Contabilidade. Resolução n. 803, de 10 de outubro de 1996. Disponível em: <http://www1.cfc.org.br/sisweb/SRE/docs/Res_803.pdf>. Acesso em: 3 abr. 2018.

COELHO, F. U. **Curso de direito comercial**: direito de empresa. 12. ed. São Paulo: Saraiva, 2008.

COELHO, F. U. **Manual de direito comercial**: direito de empresa. 26. ed. São Paulo: Saraiva, 2014.

COMPARATO, F. K. **Direito empresarial**: estudos e pareceres. São Paulo: Saraiva, 1990.

CRC-SC – Conselho Regional de Contabilidade de Santa Catarina. **Mais da metade das operações bancárias são por internet, cellular ou tablet**. 2014. Disponível em: <http://crc-sc.jusbrasil.com.br/noticias/112266650/mais-da-metade-das-operacoes-bancarias-saopor-internet-celular-ou-tablet>. Acesso em: 10 abr. 2018.

DE LUCCA, N. **A cambial-extrato**. São Paulo: Revista dos Tribunais, 1985.

FERREIRA, A. B. de H. **Novo dicionário da língua portuguesa**. 2. ed. Rio de Janeiro: Nova Fronteira, 1986.

FUNDAÇÕES públicas e autarquias. **Folha de S.Paulo**, 2 jun. 2007. Disponível em: <http://www1.folha.uol.com.br/fsp/ciencia/fe0202200805.htm>. Acesso em: 3 abr. 2018.

GOMES, L. **1808**: como uma rainha louca, um príncipe medroso e uma corte corrupta enganaram Napoleão e mudaram a história de Portugal e do Brasil. São Paulo: Planeta do Brasil, 2007.

ITALIA. Regio Decreto n. 262, 16 marzo 1942. **Gazzetta Ufficiale**, 4 apr. 1942. Disponível em: <http://www.gazzettaufficiale.it/atto/serie_generale/caricaDettaglioAtto/originario;jsessionid=+QUYiB48QVICqMNQjjanTQ__.ntc-as4-guri2b?atto.dataPubblicazioneGazzetta=1942-04-04&atto.codiceRedazionale=042U0262&elenco30giorni=false>. Acesso em: 2 abr. 2018.

MARTINS, F. **Curso de direito empresarial**. 27. ed. Rio de Janeiro: Forense, 2001.

MIRANDA, M. B. Contatos bancários. **Direito Brasil Publicações**, São Paulo, 2014. Disponível em: <http://www.direitobrasil.adv.br/arquivospdf/revista/revistav22/aulas/cb.pdf>. Acesso em: 10 abr. 2018.

NATUSCH, I. Brasil tem 3 milhões de trabalhadores e trabalhadoras vinculados a aplicativos. Entrevista especial com Lucia Garcia. **Democracia e Mundo do Trabalho em Debate**, 16 set. 2020. Disponível em: <https://www.dmtemdebate.com.br/brasil-tem-3-milhoes-de-trabalhadores-e-trabalhadoras-vinculados-a-aplicativos-entrevista-especial-com-lucia-garcia/>. Acesso em: 28 jun. 2022.

NEIVA, T. **Comentários ao marco legal das startups**. São Paulo: Saraiva, 2021.

NETO, R. W.; SOUZA, G. D. de. **Reforma trabalhista**: impacto no cotidiano das empresas. São Paulo: Trevisan, 2018.

OPEN Treinamentos e Editora. **STF declara inconstitucional INSS sobre cooperativas de trabalho**. 7 maio 2014. Disponível em: <https://opentreinamentos.com.br/stf-inss-cooperativas-de-trabalho/>. Acesso em: 6 abr. 2018.

REQUIÃO, R. **Curso de direito comercial**. 23. ed. São Paulo: Saraiva, 1998.

SANTOS, I. D. C. **Memória alimentar de afrodescendentes, descendentes de italianos e de poloneses na cidade de Curitiba**. Tese (Doutorado em Ciências Sociais) – Pontifícia Universidade Católica de São Paulo, São Paulo, 2006.

SOUTO MAIOR, J. L. **A história do Direito do Trabalho no Brasil**. São Paulo: LTr, 2017. v. I: Curso de Direito do Trabalho. Parte II.

STF – Supremo Tribunal Federal. Súmula n. 153, de 13 de dezembro de 1963. **Súmula da Jurisprudência Predominante do Supremo Tribunal Federal**. Anexo ao Regimento Interno. Ed. Imprensa Nacional, 1964. Disponível em: <http://www.stf.jus.br/portal/jurisprudencia/menuSumarioSumulas.asp?sumula=3196>. Acesso em: 10 abr. 2018.

STF – Supremo Tribunal Federal. Súmula n. 387, de 3 de abril de 1964. **Diário da Justiça**, 8 maio 1964. Disponível em: <http://www.stf.jus.br/portal/jurisprudencia/menuSumarioSumulas.asp?sumula=4062>. Acesso em: 10 abr. 2018.

STF – Supremo Tribunal Federal. Súmula n. 596, de 15 de dezembro de 1976. **Diário da Justiça**, 3 jan. 1977. Disponível em: <http://www.stf.jus.br/portal/jurisprudencia/listarJurisprudencia.asp?s1=596.NUME.%20NAO%20S.FLSV.&base=baseSumulas>. Acesso em: 10 abr. 2018.

STJ – Supremo Tribunal de Justiça. **Súmulas vinculantes**. Disponível em: <http://www.stf.jus.br/portal/cms/verTexto.asp?servico=jurisprudenciaSumulaVinculante>. Acesso em: 6 abr. 2018.

STJ – Superior Tribunal de Justiça. Agravo regimental no agravo de instrumento (AgRg-Ag) n. 549.924 MG 2003/0170259-0, de 16 de março de 2004. **Diário Eletrônico da Justiça**, 5 abr. 2004a. Relator Ministra Nancy Andrighi. Disponível em: <http://stj.jusbrasil.com.br/jurisprudencia/197325/agravo-regimental-no-agravo-deinstrumento-agrg-no-ag-549924-mg-2003-0170259-0>. Acesso em: 9 abr. 2018.

STJ – Superior Tribunal de Justiça. Agravo regimental no agravo de instrumento (AgRg-Ag) n. 668.190 SP 2005/0047653-6, de 13 de setembro de 2011. Relator: Ministro Ricardo Villas Bôas Cueva.

Diário Eletrônico da Justiça, 16 set. 2011a. Disponível em: <http://stj.jusbrasil.com.br/jurisprudencia/21082505/agravo-regimental-no-agravode-instrumento-agrg-no-ag-668190-sp-2005-0047653-6-stj/inteiro-teor-21082506#> Acesso em: 4 abr. 2018.

STJ – Superior Tribunal de Justiça. Agravo regimental no agravo em recurso especial (AgRg-AREsp) n. 113994 SE 2012/0003251-7, de 21 de maio de 2013. Relator: Ministro Marco Buzzi. **Diário Eletrônico da Justiça**, 3 jun. 2013. Disponível em: <http://stj.jusbrasil.com.br/jurisprudencia/23366849/agravo-regimental-no-agravo-emrecurso-especial-agrg-no-aresp-113994-se-2012-0003251-7-stj>. Acesso em: 10 abr. 2018.

STJ – Superior Tribunal de Justiça. Recurso Especial (REsp) n. 1024691 PR 2008/0015183-5, de 22 de março de 2011. Relator: Ministra Nancy Andrighi. **Diário Eletrônico da Justiça**, 12 abr. 2011b. Disponível em: <http://stj.jusbrasil.com.br/jurisprudencia/19125909/recurso-especial-resp-1024691-pr-2008-0015183-5>. Acesso em: 6 abr. 2018.

STJ – Superior Tribunal de Justiça. Recurso Especial (REsp) n. 178908 CE 1998/0045131- 5, de 12 de setembro de 2000. Relator: Ministra Eliana Calmon. **Diário Eletrônico da Justiça**, 11 dez. 2000. Disponível em: <http://stj.jusbrasil.com.br/jurisprudencia/8096253/recurso-especial-resp-178908-ce-1998-0045131-5-stj>. Acesso em: 6 abr. 2018.

STJ – Superior Tribunal de Justiça. Recurso Especial (REsp) n. 970635 SP 2007/0158780-8, de 10 de novembro de 2009. Relator: Ministra Nancy Andrighi. **Diário Eletrônico da Justiça**, 1º dez. 2009a. Disponível em: <http://stj.jusbrasil.com.br/jurisprudencia/8636271/recurso-especial-resp-970635-sp-2007-0158780-8-stj>. Acesso em: 11 abr. 2018.

STJ – Superior Tribunal de Justiça. Súmula n. 130, de 29 de março de 1995. **Diário da Justiça**, 4 abr. 1995. Disponível em: <https://ww2.stj.jus.br/docs_internet/revista/eletronica/stj-revista-sumulas-2010_9_capSumula130.pdf>. Acesso em: 3 abr. 2018.

STJ – Superior Tribunal de Justiça. Súmula n. 233, de 13 de dezembro de 1999. **Diário da Justiça**, 8 fev. 2000. Disponível em: <https://ww2.stj.jus.br/docs_internet/revista/eletronica/stj-revista-sumulas-2011_17_capSumula233.pdf>. Acesso em: 10 abr. 2018.

STJ – Superior Tribunal de Justiça. Súmula n. 247, de 23 de maio de 2001. **Diário da Justiça**, 5 jun. 2001a. Disponível em: <https://ww2.stj.jus.br/docs_internet/revista/eletronica/stj-revista-sumulas-2011_18_capSumula247.pdf>. Acesso em: 10 abr. 2018.

STJ – Superior Tribunal de Justiça. Súmula n. 258, de 12 de setembro de 2001. **Diário da Justiça**, 24 set. 2001b. Disponível em: <https://ww2.stj.jus.br/docs_internet/revista/eletronica/stj-revista-sumulas-2011_19_capSumula258.pdf>. Acesso em: 6 abr. 2018.

STJ – Superior Tribunal de Justiça. Súmula n. 283, de 28 de abril de 2004. **Diário da Justiça**, 13 maio 2004b. Disponível em: <https://ww2.stj.jus.br/docs_internet/revista/eletronica/stj-revista-sumulas-2011_21_capSumula283.pdf>. Acesso em: 10 abr. 2018.

STJ – Superior Tribunal de Justiça. Súmula n. 297, de 12 de maio de 2004. **Diário da Justiça**, 8 set. 2004c. Disponível em: <https://ww2.stj.jus.br/docs_internet/revista/eletronica/stj-revista-sumulas-2011_23_capSumula297.pdf>. Acesso em: 10 abr. 2018.

STJ – Superior Tribunal de Justiça. Súmula n. 361, de 10 de setembro de 2008. **Diário Eletrônico da Justiça**, 22 set. 2008. Disponível em: <https://ww2.stj.jus.br/docs_internet/revista/eletronica/stj-revista-sumulas-2012_32_capSumula361.pdf>. Acesso em: 10 abr. 2018.

STJ – Superior Tribunal de Justiça. Súmula n. 370, de 16 de fevereiro de 2009. **Diário Eletrônico da Justiça**, 25 fev. 2009b. Disponível em: <https://ww2.stj.jus.br/docs_internet/revista/eletronica/stj-revista-sumulas-2013_33_capSumula370.pdf>. Acesso em: 10 abr. 2018.

STJ – Superior Tribunal de Justiça. Súmula n. 379, de 22 de abril de 2009. **Diário Eletrônico da Justiça**, 5 maio 2009c. Disponível em: <https://ww2.stj.jus.br/docs_internet/revista/eletronica/stj-revista-sumulas-2013_34_capSumula379.pdf>. Acesso em: 10 abr. 2018.

STJ – Superior Tribunal de Justiça. Súmula n. 388, de 26 de agosto de 2009. **Diário Eletrônico da Justiça**, 1º set. 2009d. Disponível em: <https://ww2.stj.jus.br/docs_internet/revista/eletronica/stj-revista-sumulas-2013_36_capSumula388.pdf>. Acesso em: 10 abr. 2018.

STJ – Superior Tribunal de Justiça. Súmula n. 451, de 2 de junho de 2010. **Diário da Justiça**, 21 jun. 2010. Disponível em: <http://www.stj.jus.br/docs_internet/SumulasSTJ.pdf>. Acesso em: 3 abr. 2018.

STJ – Superior Tribunal de Justiça. Súmula n. 479, de 27 jun. 2012. **Diário Eletrônico da Justiça**, 1º ago. 2012. Disponível em: <http://www.stj.jus.br/docs_internet/SumulasSTJ.pdf>. Acesso em: 10 abr. 2018.

STJ – Superior Tribunal de Justiça. **Súmulas do Superior Tribunal de Justiça**. Disponível em: <http://www.stj.jus.br/docs_internet/SumulasSTJ.pdf>. Acesso em: 10 abr. 2018.

TEIXEIRA, T. **Direito empresarial sistematizado**: doutrina, jurisprudência e prática. 3. ed. São Paulo: Saraiva, 2014.

TJ-PR – Tribunal de Justiça do Paraná. Apelação Cível: AC 5317077 PR 0531707-7, de 3 de dezembro de 2008. **Diário Eletrônico da Justiça**, 3 dez. 2008. Disponível em: <http://tj-pr.jusbrasil.com.br/jurisprudencia/6171544/apelacao-civel-ac-5317077-pr-0531707-7>. Acesso em: 10 abr. 2018.

TJ-SP – Tribunal de Justiça de São Paulo. Apelação (Apl) 00110225320118260363 SP 0011022-53.2011.8.26.0363. Relator: Clóvis Castelo. **Diário de Justiça**, 30 jun. 2014. Disponível em: <https://tj-sp.jusbrasil.com.br/jurisprudencia/125996571/apelacao-apl-110225320118260363-sp-0011022-5320118260363/inteiro-teor-125996580>. Acesso em 11 abr. 2018.

TOMAZETTE, M. A desconsideração da personalidade jurídica: a teoria, o Código de Defesa do Consumidor e o Novo Código Civil. **Revista dos Tribunais**, v. 794, p. 76-94, dez. 2001.

TRT-10 – Tribunal Regional do Trabalho da 10ª Região. Agravo de Petição (AP) 01363201102110000 DF 01363-2011-021-10-00-0 AP, de 12 de fevereiro de 2014. Relator: Desembargadora Maria Regina Machado Guimarães. **Diário Eletrônico da Justiça**, 28 fev. 2014. Disponível em: <http://trt-10.jusbrasil.com.br/jurisprudencia/113735587/agravo-de-peticao-ap-1363201102110000-df-01363-2011-021-10-00-0-ap>. Acesso em: 10 abr. 2018.

TST – Tribunal Superior do Trabalho. Súmula n. 129. **Diário da Justiça**, 19, 20 e 21 nov. 2003. Disponível em: <https://www3.tst.jus.br/jurisprudencia/Sumulas_com_indice/Sumulas_Ind_101_150.html#SUM-129>. Acesso em: 30 jun. 2022.

UBERIZAÇÃO: Brasil chega a 1,5 milhão de motoristas precarizados e entregadores. **Esquerda Diário**, 16 maio 2022. Disponível em: <https://www.esquerdadiario.com.br/Brasil-chega-a-1-5-milhao-de-motoristas-precarizados-e-entregadores>. Acesso em: 28 jun. 2022.

VIDO, E. **Curso de direito empresarial**. 2. ed. São Paulo: Revista dos Tribunais, 2012.

Capítulo 1

Questões para revisão

1. O direito empresarial é considerado ainda autônomo, mesmo com a vigência do Código Civil de 2002. Tanto é verdade que sua autonomia se dá não apenas no âmbito acadêmico (matéria de grade no curso de Direito e áreas correlatas), mas também na Constituição Federal Brasileira, que prevê competência da União para legislar em matéria civil e comercial.

2. A expressão *teoria da empresa*, adotada pelo Código Civil brasileiro de 2002, teve influência direta do Código Civil italiano de 1942. Essa teoria substituiu os chamados *atos do comércio*, passando a aprimorar as demais leis, até então conhecidas como *comerciais*.

3. A teoria poliédrica foi criada por um jurista italiano chamado Alberto Asquini, que conceituou a atividade empresária em quatro perfis:

   *1) **perfil subjetivo**: é quem exercita profissionalmente atividade econômica organizada com o fim da produção e da troca de bens ou serviços. Ou seja, empresa é uma pessoa.*

2) perfil funcional: Asquini sugere que a empresa é uma atividade voltada para a produção ou circulação de bens ou serviços, ou seja, uma organização dinâmica.

3) perfil objetivo ou patrimonial: a empresa como estabelecimento mercantil, ou seja, nesse perfil, empresa é considerada como um conjunto de bens, que se destinam ao exercício da atividade empresarial, seja essa qual for.

4) perfil corporativo: a empresa como uma instituição (pessoa jurídica), ou seja, para esse perfil, empresa é um conjunto de pessoas que se unem buscando um objetivo econômico em comum. Empresa, aqui, seria o somatório do empresário, dos seus sócios, dos seus colaboradores, dos seus funcionários etc. (Comparato, 1990, p. 109, grifo nosso)

Os quatro perfis coexistem nas empresas. São perspectivas diversas sobre a mesma realidade. A atividade das pessoas jurídicas empresariais é dinâmica e envolve diversos atores.

4. c

5. d (art. 22, I, da Constituição Federal de 1988)

Questões para reflexão

1. Diante da aplicação da teoria da empresa, adotada pelo Código Civil brasileiro em 2002, é possível notar que houve significativos avanços no que diz respeito às relações empresariais, principalmente a edição do Código de Defesa do Consumidor (CDC), de 1990, a Lei de Locação Predial Urbana, de 1991, e a Lei do Registro de Empresa, de 1994. Os exemplos mencionados foram incorporados às mudanças efetuadas no Código Civil de 2002 como uma maneira de aprimorar a aplicação.

2. No recorte do período em que se promulgou o Código Comercial brasileiro, ou seja, no século XIX, os comerciantes de escravos eram os responsáveis por praticar os atos de comércio, "obedecendo" às normas do código em vigor. No entanto, a prática comercial de "vender"

escravos se iniciou muito antes, principalmente pelos portugueses, quando encontraram os indígenas, e também pelos brancos residentes no país, em meados do século XVII.

Capítulo 2

Questões para revisão

1. O legislador civil, no art. 966, determinou certas características para a definição de *empresário*, pessoa física ou jurídica, que representam requisitos da atividade empresarial:

   » Exercício da atividade econômica – O objetivo principal é o lucro.

   » Profissionalismo – O exercício da atividade econômica deve ocorrer de forma habitual e contínua, ou seja, não pode ser esporádico.

   » Organização – Representa uma atividade planejada, na qual há diretrizes de gestão para seu funcionamento, ou seja, cabe ao empresário a missão de capacitação e qualificação profissional da equipe (ou no âmbito da atividade individual).

2. O contabilista é um auxiliar do empresário. Porém, independentemente do vínculo entre eles, é necessário respeitar a legislação, em especial o Decreto-Lei n. 9.295/1946, que criou o Conselho Federal de Contabilidade (CFC) e definiu as atribuições do contador, e o Código de Ética Profissional do Contador (CEPC) – Resolução n. 803, de 10 de outubro de 1996 (CFC, 1996).

3. O Sistema Público de Escrituração Digital (Sped) foi uma solução tecnológica encontrada para oficializar os arquivos digitais das escriturações fiscal e contábil de um estabelecimento empresarial. Tal medida tem como finalidade evitar fraudes contábeis ou fiscais, com vistas à substituição do papel.

4. c (art. 966 do Código Civil de 2002)

5. d (se a atividade intelectual for realizada com organização, será considerada empresa – art. 966, parágrafo único, do Código Civil)

Questões para reflexão

1. A desconsideração da pessoa jurídica ocorre quando o credor solicita em juízo que o patrimônio particular dos sócios ou do empresário seja atingido. Caberá à parte credora provar que houve desvio de finalidade ou abuso da personalidade jurídica por parte da empresa, justificando a aplicação do art. 50 do Código Civil.

2. O contabilista representa uma figura interveniente na relação empresarial, razão pela qual é uma espécie de auxiliar do empresário. Cabe a ele a obrigação de manter os livros contábeis atualizados e preenchidos corretamente. As anotações feitas pelo contabilista nos livros são lançadas como se fossem feitas pelo empresário ou pela sociedade empresária, a não ser que sejam feitas por má-fé, assim previsto no art. 1.177 do Código Civil de 2002, o que poderá acarretar para o profissional responsabilidades não só administrativas, mas também nas esferas civil e penal, dependendo do gravame causado.

Capítulo 3

Questões para revisão

1. d (art. 90 do Código Civil de 2002)
2. b (art. 1.142 do Código Civil de 2002)
3. c
4. *Trespasse* é o nome dado pela doutrina ao contrato de compra e venda do estabelecimento comercial. É quando o estabelecimento pode ser cedido temporária ou definitivamente, o que ocorre por meio do usufruto ou do arrendamento. Para que o trespasse seja eficaz perante terceiros, é necessário:
    » averbação da alienação na Junta Comercial;
    » publicação no Diário Oficial do Estado (DOE);
    » concordância expressa ou tácita dos credores, se os bens do alienante não forem suficientes para saldar as dívidas deixadas no estabelecimento ou se estas não forem pagas de forma adiantada.

5. A clientela de um estabelecimento se refere a um grupo de pessoas que realizam negócios de forma continuada, diferentemente da freguesia, apenas se relaciona com o estabelecimento em virtude do local (ponto) onde este se encontra.

Questões para reflexão

1. O estabelecimento virtual é um local não físico para onde os clientes também se dirigem (não por deslocamento físico, mas por deslocamento virtual) em busca de negócios. É um *site*, isto é, se refere a informações e imagens alocadas em um servidor e disponibilizadas de forma virtual na internet.
2. O sócio remisso é aquele que deixa de integralizar a cota subscrita. Esse sócio, de acordo com o legislador, precisa ser notificado para cumprir sua obrigação (integralização das cotas) no prazo de 30 dias; caso contrário, pode ser excluído da sociedade pelos demais sócios, conforme o art. 1.004 do Código Civil de 2002.

Capítulo 4

Questões para revisão

1. d (art. 977 do Código Civil)
2. a (art. 982, parágrafo único, do Código Civil)
3. A Sociedade Limitada Unipessoal (SLU) é um formato jurídico em que a sociedade pode ser constituída por um único sócio e a pessoa física pode separar seus bens pessoais do patrimônio da empresa. Dessa forma, o patrimônio pessoal do sujeito não está vinculado às atividades da empresa, como o próprio nome diz, ela é *limitada*. Assim, o limite da responsabilidade é o capital subscrito e, caso haja prejuízos, apenas os bens da empresa são usados para o pagamento das eventuais dívidas. Algumas vantagens desse formato jurídico são a não necessidade de um capital social mínimo para abertura da empresa, o que facilita o investimento inicial, e as atividades profissionais permitidas serem diversas, o que não ocorre com os MEI.

4. As sociedades anônimas são regidas, principalmente, pela Lei n. 6.404/1976, denominada *Lei das Sociedades Anônimas* (LSA). A principal finalidade desse modelo societário é a proteção do patrimônio dos sócios, razão pela qual essa lei se dedica à estruturação e ao funcionamento da sociedade empresária, na qual os sócios têm responsabilidade empresarial de acordo com a participação nas cotas. O estatuto social, por exemplo, representa um conjunto de dispositivos legais, como se fosse uma lei orgânica que rege um município federativo. Esse ato constitutivo de uma sociedade anônima pode ser público ou privado. Outro detalhe importante é que a sociedade anônima também pode ser chamada de *companhia*. Essa nomenclatura pode vir por extenso ou abreviada (S.A. ou Cia.), conforme consta no art. 3º da Lei das Sociedades Anônimas e no art. 1.160 do CC.

5. b

Questões para reflexão

1. As cooperativas podem constituir-se da seguinte forma:
    » de trabalho – professores, atendentes etc.;
    » de venda – por exemplo, a Cooperativa Agroindustrial Batavo e a cooperativa Danby Cosulati;
    » de consumo – para efetuar compras em grande escala, a exemplo da cooperativa de Produção e Abastecimento do Vale do Itajaí (Cooper*);
    » de crédito – para concessão de empréstimos a cooperados, por exemplo, o Sicredi**;
    » de seguro, agrícola etc.
2. A responsabilidade dos administradores de uma sociedade anônima está na celebração dos contratos em nome da sociedade. O perfil desses

---

* Saiba mais acessando a página da cooperativa, disponível em: <http://www.cooper.coop.br/a-cooper/nossa-cooperativa>. Acesso em: 6 abr. 2018.

** Saiba mais no seguinte endereço eletrônico: <http://www.sicredi.com.br>. Acesso em: 6 abr. 2018.

gestores, sem dúvida, requer habilidade e eficiência profissional. De acordo com o art. 158 da Lei das Sociedades por Ações (LSA), os administradores, regra geral, não respondem com seu patrimônio particular pelas obrigações contraídas. Quem responde é a sociedade ou a companhia. No entanto, a exceção à regra padece do entendimento da desconsideração da pessoa jurídica da empresa. Tal previsão é mencionada no art. 158, incisos I e II, da Lei das Sociedades por Ações, segundo o qual o administrador será pessoalmente responsável – nas esferas civil, penal ou administrativa – se seus atos praticados além de suas atribuições estiverem eivados de culpa ou dolo.

Capítulo 5

Questões para revisão

1. a (a duplicata é um título executivo extrajudicial pelo qual, de acordo com a Lei da Duplicata, art. 13, parágrafo 1º, e o art. 14 da Lei n. 5.474/1968, autoriza-se o pedido de falência pelo protesto do título)

2. d (art. 75 da Lei Uniforme – Lei n. 57.663/1966)

3. O cheque representa um título de crédito no qual a ordem de pagamento é feita à vista. A modalidade *pré-datado* representa uma prática empresarial adotada como forma de facilitar as operações e a confiança entre devedor e credor. Tanto é assim que os tribunais superiores reconhecem esse aspecto de fidúcia e consideram infração moral caso uma das partes descumpra o avençado, como registrado na Súmula n. 370 do STJ (2009b): "Caracteriza dano moral a apresentação antecipada de cheque pré-datado".

4. As duplicatas virtuais constituem os chamados *boletos bancários*. As duplicatas de papel perderam seu espaço para as lançadas no meio eletrônico, denominadas *borderô*, o qual é remetido ao banco por via eletrônica. Assim, o banco o encaminha aos sacados (devedores) para que efetuem o pagamento na rede bancária, ou seja, emitem o boleto bancário com os dados dos sacadores.

5. c

Questões para reflexão
1. A **autonomia** é a forma independente como o título de crédito se apresenta; essa característica determina que um título não depende de outro. A **literalidade** representa o preenchimento correto e literal do título, isto é, sua apresentação formal. A **cartularidade** refere-se à apresentação concreta e material. Pode também se apresentar de forma abstrata, a exemplo do boleto bancário (duplicata virtual).
2. A duplicata virtual é um título de crédito, também representada na forma de boleto bancário. É uma ordem de pagamento emitida pelo credor quando vende uma mercadoria ou realiza uma prestação de serviço. As duplicatas virtuais, encontraram respaldo legal no art. 8º, parágrafo único, da Lei n. 9.492/1997 e no art. 889 do Código Civil de 2002.

Quando o contrato de compra e venda ou de prestação de serviços é concretizado, o vendedor, pela internet, emite a uma instituição financeira os dados referentes ao negócio realizado.

Capítulo 6

Questões para revisão
1. d
2. a
3. b (art. 1º da Lei n. 9.492/1997)
4. A ação monitória está prevista no art. 1.102a da Lei n. 9.079, de 14 de julho de 1995: "A ação monitória compete a quem pretender, com base em prova escrita sem eficácia de título executivo, pagamento de soma em dinheiro, entrega de coisa fungível ou de determinado bem móvel". Esse tipo de ação respalda a cobrança de títulos de crédito prescritos. No entanto, essa modalidade de ação só é cabível quando se prova a relação jurídica que gerou o título. Por exemplo: no caso de cheque, apenas quando há um documento (contrato etc.) que atesta por que ele foi emitido – ou seja, nota fiscal de compra na qual constam os dados do cheque. Mesmo assim, o prazo para entrar com a ação monitória é

de cinco anos a contar da data de vencimento (data em que deveria ser pago) do título (cheque, nota promissória, duplicata etc.).

5. A anulação de um título de crédito é um ato jurídico no qual se requer a declaração de nulidade de um título sem aceite. Com esse ato consagrado, é possível evitar ações judiciais ou protesto do título, uma vez que torna o documento sem validade jurídica.

Questões para reflexão

1. A interpretação da Súmula n. 387 do STF (1964) consagra a intenção dos tribunais superiores de valorizar o credor de boa-fé, ou seja, o preenchimento do título de crédito pode ser feito por esse credor antes da cobrança do protesto. Vejamos esta decisão recente do Tribunal de Justiça do Paraná:

> PROCESSUAL CIVIL. RECURSO. APELAÇÃO. AÇÃO DECLARATÓRIA DE NULIDADE DE TÍTULO DE CRÉDITO C/C ANTECIPAÇÃO DE TUTELA E INDENIZAÇÃO POR DANOS MORAIS. NOTA PROMISSÓRIA. DILAÇÃO PROBATÓRIA. DESNECESSIDADE. EXEGESE DOS ARTS. 330, I, E 331, CAPUT, DO CPC. NULIDADE DA SENTENÇA. JULGAMENTO ANTECIPADO DA LIDE. CERCEAMENTO DE DEFESA. INOCORRÊNCIA. PRINCÍPIO DO CONVENCIMENTO MOTIVADO. QUESTÕES CONTROVERTIDAS. MATÉRIA EXCLUSIVAMENTE DE DIREITO. INSTRUÇÃO PROBATÓRIA SUFICIENTE. NOTA PROMISSÓRIA. ASSINATURA. TÍTULO EM BRANCO. MANDATO TÁCITO. VALIDADE DA CAMBIAL. SÚMULA 387 DO STF. AUTONOMIA DA CÁRTULA NÃO AFASTADA. Recurso desprovido.

> 1. Dilação probatória. A matéria, objeto da lide, restringe-se às questões controvertidas que podem ser esclarecidos pelo magistrado sem necessidade de dilação probatória, considerando que a causa está suficientemente instruída e pronta para julgamento, resta plenamente cabível o julgamento antecipado da lide, nos termos do art. 330, do CPC.
> 2. Cerceamento de defesa. Constantes dos autos elementos de prova documental suficientes para formar o convencimento do julgador, inocorre cerceamento de defesa se julgada antecipadamente a controvérsia.
> 3. Nota promissória. Nulidade. Assinatura. Título em branco. De acordo com enunciado da Súmula n. 387 do Supremo Tribunal Federal "A cambial emitida ou aceita com omissões, ou em branco, pode ser completada pelo credor de boa-fé antes da cobrança ou do protesto.", de forma que, não comprovada a má-fé do credor, por prova irrefutável de vício de origem ou abusividade no preenchimento, permanece incólume a legitimidade do título de crédito. (TJ-PR, 2008)

2. A função principal do protesto é demonstrar a impontualidade do devedor – ou seja, o protesto é um ato formal que se destina a comprovar a inadimplência de determinada pessoa, física ou jurídica, quando esta é devedora de um título de crédito ou de outro documento de dívida sujeito a protesto. Apenas o tabelião e seus prepostos podem lavrar o protesto. Tal ato tem duas finalidades: a primeira é provar publicamente o atraso do devedor, e a segunda, resguardar o direito de crédito do credor.

Capítulo 7

Questões para revisão

1. a (art. 18, parágrafo 1º, da Lei n. 4.595/1964)
2. e (art. 34 da Lei n. 7.357/1985)

3. É função do Banco Central do Brasil (BCB) receber os recolhimentos compulsórios e os depósitos voluntários à vista das instituições financeiras, conforme determina a Lei n. 10.931/2004.

4. Os serviços de pagamentos vinculados a cartão de crédito emitidos por instituições financeiras ou instituições de pagamento estão sujeitos à regulamentação baixada pelo Conselho Monetário Nacional (CMN) e pelo Banco Central do Brasil (BCB), nos termos dos arts. 4º e 10 da Lei n. 4.595/1964 e da Lei n. 12.865/2013.

5. b (art. 33 da Circular do BCB, de 16 de dezembro de 2013)

Questões para reflexão

1. É por meio do BCB que o Estado é o regulador financeiro. O controle do papel-moeda emitido e o das reservas bancárias, que juntos formam o passivo monetário do BCB ou a base monetária, implicam o controle dos meios de pagamento mais básicos no país. São eles o papel-moeda em poder do público e os depósitos à vista nas instituições financeiras. Tudo isso serve para colaborar com a chamada *justiça fiscal*, ou seja, quem ganha mais contribui mais; quem ganha menos contribui menos.

2. Em 1990, com o advento do Código de Defesa do Consumidor (CDC) – Lei n. 8.078/1990 –, tornou-se pacífico o entendimento dos tribunais superiores de que as instituições financeiras devem estar vinculadas aos direitos do consumidor sobre seus contratos e suas operações financeiras, como forma de atender ao que esse diploma legal prevê no que tange à proteção ao consumidor.

Camile Silva Nóbrega é advogada, mestre em Direito Constitucional pela Universidade Paulista (Unip) e especialista em Direito Processual Civil pela Pontifícia Universidade Católica de Campinas (PUC-Campinas) e em Direito do Trabalho pela Universidade São Francisco (USF). Atuou em empresas nacionais e multinacionais no setor jurídico, auxiliando na área contenciosa e consultiva em direito civil e processual, direito do trabalho e processual, direito empresarial, direito financeiro e direito tributário. Lecionou na UniOpet e nas Faculdades Integradas Camões as disciplinas de Direito Empresarial, Direito Tributário, Direito Previdenciário, Direito Trabalhista e Legislação Ambiental. Tem experiência na área do ensino a distância e na do direito público, contencioso e consultivo, envolvendo contratos e processos administrativos, lei de licitações e matéria tributária e financeira.

Impressão:
Julho/2022